高校德育教育理论教育教学改革与创新

钱昭楚　乔海英　首兰兰 ◎著

图书在版编目（CIP）数据

高校德育教育理论教育教学改革与创新 / 钱昭楚，乔海英，首兰兰著. -- 北京：中国商务出版社，2022.8
ISBN 978-7-5103-4366-7

Ⅰ.①高… Ⅱ.①钱… ②乔… ③首… Ⅲ.①高等学校－德育－教学改革－研究－中国 Ⅳ.①G641

中国版本图书馆CIP数据核字（2022）第138907号

高校德育教育理论教育教学改革与创新
GAOXIAO DEYU JIAOYU LILUN JIAOYU JIAOXUE GAIGE YU CHUANGXIN

钱昭楚　乔海英　首兰兰　著

出　　版：	中国商务出版社
地　　址：	北京市东城区安外东后巷28号　邮　编：100710
责任部门：	教育事业部（010-64283818）
责任编辑：	刘姝辰
直销客服：	010-64283818
总 发 行：	中国商务出版社发行部　（010-64208388　64515150）
网购零售：	中国商务出版社淘宝店　（010-64286917）
网　　址：	http://www.cctpress.com
网　　店：	https://shop162373850.taobao.com
邮　　箱：	347675974@qq.com
印　　刷：	三河市金兆印刷装订有限公司
开　　本：	787毫米×1092毫米　1/16
印　　张：	11.75　　　　　　　　　　　字　　数：242千字
版　　次：	2023年7月第1版　　　　　　　印　　次：2024年7月第2次印刷
书　　号：	ISBN 978-7-5103-4366-7
定　　价：	50.00元

凡所购本版图书如有印装质量问题，请与本社印制部联系（电话：010-64248236）

版权所有　盗版必究　（盗版侵权举报可发邮件到本社邮箱：cctp@cctpress.com）

前 言

为了适应当前教育形势的新变化,破解教育领域面临的新问题,必须加快推进教育治理体系和治理能力现代化。当前高校德育工作面临诸多挑战,其针对性和实效性亟待加强,而德育工作的推进也应当通过高校治理体系和治理能力的现代化来加以解决。

高校德育在培养社会主义现代化人才中起着重要作用。传统的高校道德教育通常存在教育功利化、目标理想化、内容空洞化等问题,这不符合新形势下大学生成长的心理需求。要充分认识德育改革与创新的必要性,注重德育教育形式、目标、内容、方法及评价体系的创新,是高校实现学生全面发展、成人成才的必然途径,也是我国高校德育工作的最终目标。

基于此,本书从高校德育理论基础介绍入手,针对高校文化德育教育、高校德育教育的创新及高校德育工作方法的创新进行了分析研究;另外对新媒体背景下高校德育教育、传统文化与高校德育教育的融合做了一定的介绍;还对高校大学生德育教育生态系统构建与高校大学生德育教育审美化的实践提出了一些建议;旨在摸索出一条适合高校德育教育教学的科学道路,帮助高校德育工作者在应用中少走弯路,运用科学方法,提高效率。

站在机遇与挑战并存的新时代前沿,高校德育工作者需要不断结合新情况新问题进行长期不懈的研究,并努力将研究成果运用到实践中去,对实践产生强有力的指导作用,从而更好地提高新媒体时代高校德育的实效性。

希望通过探讨与分析,能够为进一步推动我国高等教育德育创新发展,实现高校人才素质教育培养提供一些具有参考性和操作性的意见。同时,伴随着我国社会的快速发展与变化,高校德育教育和创新能力已经上升到一个新的高度,被国家和社会所关注。道德教育的培养至关重要,它的好坏对于一个学生的未来发展有着强烈的影响,而培养并加强学生的创新能力是时代发展所需,也是德育教育重要的教学目标。

目 录

第一章	高校德育理论基础	01
第一节	高校德育的内涵和在现实中的地位	01
第二节	高校德育创新的理论基础和原则	06
第三节	新时期高校德育创新模式	10
第二章	高校文化德育教育	21
第一节	高校德育的文化本质	21
第二节	高校文化的德育价值	27
第三节	高校文化德育的基本原理	34
第三章	高校德育教育的创新	42
第一节	高校德育机制的创新	42
第二节	高校德育理念的创新	54
第三节	高校德育管理的创新	62
第四章	高校德育工作方法的创新	69
第一节	高校德育工作概述	69
第二节	高校德育工作方法的创新	74
第三节	高校德育方法创新的基本路径	90

第五章 新媒体背景下高校德育教育 101

第一节 新媒体对高校德育工作的影响 101

第二节 新媒体背景下高校德育存在的机遇与挑战 107

第三节 新媒体背景下推动高校德育建设的对策建议 116

第六章 传统文化与高校德育教育的融合 124

第一节 中国传统文化与德育教育相融合的必要性 124

第二节 中国传统文化与德育教育相融合的可能性 127

第三节 中国传统文化与德育教育相融合的价值 130

第四节 中国传统文化与德育教育相融合的原则和路径 133

第七章 高校大学生德育教育生态系统构建 139

第一节 大学生德育生态系统的概念与理论 139

第二节 大学生德育生态系统的结构与功能 144

第三节 大学生德育生态系统的优化思路 153

第八章 高校大学生德育教育审美化实践 162

第一节 大学生德育审美化的理论概述 162

第二节 大学生德育审美化实践的经验 165

第三节 大学生德育审美化实践的路径 170

参考文献 178

第一章 高校德育理论基础

第一节 高校德育的内涵和在现实中的地位

德育即思想、政治和品德教育,现在已形成包括思想教育、政治教育和道德品质教育在内的德育体系。

一、德育的内涵

(一)广义的德育

指所有有目的、有计划地对社会成员在政治、思想与道德等方面施加影响的活动,包括社会德育、社区德育、学校德育和家庭德育等方面。

(二)狭义的德育专指学校德育

学校德育是指教育者按照一定的社会或阶级要求,有目的、有计划、有系统地对受教育者施加思想、政治和道德等方面的影响,并通过受教育者积极地认识、体验与践行,以使其形成一定社会与阶级所需要的品德的教育活动,即教育者有目的地培养受教育者品德的活动。

二、正确认识"高校德育首位"论

学校教育要坚持育人为本,德育为先,把人才培养作为根本任务,把思想教育摆在首要位置,主要原因如下:

(一)中国特色社会主义的性质要求学校教育把德育放在首要位置

教育是有阶级性的。古今中外,各个社会中占统治地位的阶级都是按本阶级的政治需要,把德育教育放在学校教育的首要地位,把代表统治阶级的政治信仰、思想意识、价值观念内化为一代新人的素质，都是为了"育新人、取民心、得天下"。因为只有这样，才能造就本阶级所需要的人才，以维持和巩固其社会制度，所不同的是，不同阶级实行不同的德育教育而已。

我们社会主义国家的教育，是社会主义培养各种专门人才的事业。社会主义的经济和政治决定了社会主义教育的性质、目的、制度、方针和教育的思想政治内容。社会主义教育的目的，是培养社会主义事业所需要的各类人才，要求培养出来的人才必须为社会主义建设事业服务。这是我国高等教育的目的，也是我们高等学校的主要任务。社会主义制度的性质决定着社会主义高等教育的性质，同时，也决定着社会主义大学的办学方向，必须坚持党的领导，坚持社会主义方向，坚持马克思主义在科学文化和学术工作中的指导地位。把德育放在首位，这是我国高等教育社会主义性质的重要标志。作为社会主义的高等学校，如果忘掉或丢掉，甚至摆错了德育的位置，就必然会迷失方向，误人子弟，误国误民。

（二）党的教育方针决定了学校教育要把德育放在首要位置

我们的学校是为社会主义建设培养人才的地方。培养人才要有质量标准，应该使受教育者在德育、智育、体育几个方面都得到发展，成为有社会主义觉悟、有文化的劳动者。

党的教育方针，充分体现了全面发展的教育原则。在德智体全面发展中，学校应该永远把坚定正确的政治方向放在第一位。

德育所要解决的是学生社会意识的问题，即政治立场、思想观点、行为规范等方面的问题。具体来说，是解决学生为谁而学，学成后为谁服务的问题。我们社会主义大学培养的是能够坚持正确的政治方向，拥护共产党的领导，愿为社会主义祖国献身的高级专门人才。要完成这一任务，只有依靠德育。

（三）学校的中心工作需要把德育放在首位

当前，以"教学为中心"的思想被各类高校充分重视并贯彻实施，"以教学为中心"无疑是正确的，它与德育不但不矛盾，而且是相辅相成的，缺一不可。

教学包括德育。现代教育理论认为，教学应该着眼于学生的全面发展，培养全面和谐发展的个性。教学的主要任务是既在掌握知识和技能技巧方面达到高质量，又在学生的发展上取得重大进步。

也就是说，教学并非只是传授业务知识，片面地着眼于智力，而应当把教学看作是落实教育方针的主要途径。在教学过程中应当包括德育、智育和体育，而且，德育还应该是教学的一项主要内容和首要任务。

德育在教学中起主导作用。在整个教学过程中，德育以其方向性贯穿于其他诸项教育之中。它不仅对智育起着主导作用，同样在体育中也起着主导作用。

三、新时期高校德育创新的必要性

德育创新是主体（人）为了一定的目的，遵循德育发展的规律，对德育进行变革，从而使德育得以更新与发展的活动。

创新是一个民族的灵魂，是国家兴旺发达的不竭动力。一个没有创新能力的民族，难以屹立于世界民族之林。历史进步的本质在于创新，民族的振兴、国家的强盛同样离不开创新，任何工作没有创新就没有活力，没有生命力。同样，高校的德育工作也只有在实践中不断创新，才能有新的活力，才能适应时代的进步与发展。

德育工作的显著特征在于，它随着时代的变化、社会的变化、生活的变化而变化，具有开放性、现代性、发展性。德育的这些特征要求我们德育工作者在实践中必须不断地去探索、去实验、去研究、去创新，但是，强调高校德育工作的创新，不是全盘废弃过去的东西。德育工作是一个系统工程，具有一定的规律性。德育工作涉及方方面面，反映了德育客观规律、德育工作的实践经验，以及国家关于德育工作的法律、法规、政策等。我国的高校德育工作经过几十年的探索实践，总结出了许多工作规律，积累了大量的丰富经验。这些规律、经验凝聚了广大高校德育工作者先进的德育理念，为培养面向现代化、面向世界、面向未来的德智体美等全面发展的社会主义事业建设者和接班人任务的顺利完成提供了有力的保证。高校德育工作所取得的这些成绩有目共睹，所形成的理论、探索的规律、积累的经验、创造的方法，应当在实践中予以继承，并使其成为德育工作创新的基础。

新时期高校德育工作所面临的国际和国内环境已经发生了重大变化，高校德育唯有创新才能发展。新时期高校德育的对象已经发生了巨大变化，具有新的特点和要求，高校德育唯有创新，才能适应德育对象全面发展的要求。新时期高校德育的客观环境发生了变化，高校德育唯有创新，才能走出发展的困境。

（一）新时期高校德育工作面临的现实背景

1. 全球化的影响

全球化加强了国家之间、个人之间的经济交往、政治交往和文化交流。在全球化的背景下，经济的交往是国际性的，随着经济的日益国际化，政治、文化也走向了国际。欧美现代文化思潮的传入，对我国大学生产生了深刻影响，不少大学生采取扬弃的态度，进行了批判的消化吸收。

2. 市场经济的影响

社会主义市场经济体制逐步推进，在给高校德育带来积极影响的同时，其自身的弱点和负面影响也可能给大学生的政治观、人生观、价值观造成负面影响。

面对市场经济的汹涌大潮，大学生很难避免市场经济的负面影响。市场经济条件下社会利益分配的多层次性，使大学生面临着多种价值观的选择。在市场经济条件下，生产者是独立自主的。这一点，对大学生价值观中的消极影响表现为集体意识淡化、个人主义倾向严重。这些价值观念的产生，显然背离了学校教育的培养目标，无疑是削弱了高校德育功能的发挥。市场经济的发展刺激了人们对物质利益的追求，淡化了人们的政治意识。一些大学生片面认为，市场经济最主要的是经济效益，政治无关紧要，学校思想教育对他们来说可有可无。市场经济的推行使整个社会生活发生了翻天覆地的变化。大学生原来所处相对稳定、单一的价值生活环境发生了彻底的改变，个体的人格处于多变的、相互冲突的多元价值中。

3. 科学技术的高速发展

科学技术的高速发展，使世界处于信息大爆炸的时代，信息传播途径也逐渐多样化、现代化，这就决定了大学生接触欧美思潮更加快速便捷了。

特别是互联网的发展和虚拟世界的产生，使高校德育面临新的环境，网络文化在给高校德育创造良好条件和机遇的同时，也对德育工作提出了严峻的挑战。

互联网是一个超越了民族和国家界限的、巨大的、开放的信息传递系统，具有方便、快捷、直观性强、信息获取量大等特点，网络空间中各种不同的文化类型、意识形态、信仰、价值观念等，在这里传播、碰撞、交融。

随着技术的进步，互联网对公众生活的改变进一步加大，我国高校学生是互联网用户的主体。青年学生面对着呈爆炸状态的信息，难以进行理性思考和价值判断，致使他们的道德价值取向呈多元化。网络上的道德败坏、精神空虚、享乐主义、拜金主义等腐朽的生活方式和价值观念大量涌入，给自制力较差的大学生身心健康必然带来负面影响，使一些意志薄弱者价值观念扭曲，道德人格丧失。

4. 高校德育工作缺乏社会和家庭的有效沟通

学校德育自身管理水平的提高，是增强德育工作实效性的重要组成部分，但是，学生思想道德品质的形成发展是社会、家庭、学校共同作用的结果，任何一方工作不到位，都会导致整个德育出现漏洞，危害学生的身心健康发展。

目前，从总体上看，高校在主动争取家庭、社会支持，协调和整合社会、家庭三者的关系方面还做得不是很到位。学校德育管理还处于不够开放的状态，有效的学校、社会、家庭协作教育机制还有待完善，已经建立起来的家长学校、家长委员会在发挥指导家庭教育的职能方面，还存在着对学生学业指导多，对学生品行指导少等问题。所以，我们要积极推进学校、家庭、社会教育的一致性，形成开放式的学校德育管理新格局。

（二）新时期高校德育对象的新特点

当代大学生有着许多优点。总的来说，他们的主流思想、伦理道德认知、价值判断是积极、健康、向上的。他们务实进取，竞争意识强，成才愿望非常强烈，并注重个性发展，敢于表现自我，思维也比较活跃，易于接受新思想、新事物，极具创造活力和创新基础，有较强的使命感和责任感，关注国家和民族的前途命运，具有想有作为和大有作为的思想基础。

高校德育创新要充分考虑新时期高校德育对象的新特点，有目的、有针对性地开展高校德育创新工作。

第二节　高校德育创新的理论基础和原则

一、新时期高校德育创新的理论基础

（一）"育人为本、德育为先"高校德育的基本原则

"育人为本、德育为先"，是新时代高校德育应遵循的基本原则。"育人为本"就是要关心每一个学生，尊重学生身心发展的规律和教育的规律，促进每一个学生全面健康地发展，为每一个学生提供良好的教育，使每一个学生都能在社会发展过程中找到适合自己的位置。德育为人的发展提供根本的方向指引，因此要把德育摆在首位。良好的道德品质是人成才的首要条件，也是人成才的基本要求。具有高尚道德的人则可以运用自己的知识为社会创造财富，而道德低下的人则会危害社会。高校德育为大学生拥有积极向上的精神面貌提供指引，为大学生的健康成长保驾护航，为我国经济社会发展提供支持和保障。

因此，育人为本，是做好德育工作的基础和前提。坚持育人为本，就要求我们在德育的过程中，做到尊重学生、理解学生、关心学生和信任学生，注重学生个性发展和全面发展的统一，注重学生创造性人格和健康人格的统一，注重学生"学会"和"会学"的统一，促进学生全面发展。

（二）系统科学理论中的"大德育"思想

系统科学是研究事物整体联系和运动发展规律的科学，其要点为：

第一，任何一个事物的存在都表现为一个系统。系统是由事物内部互相联系、互相作用、互相依赖和影响的若干部分组成的有机整体。整体性是系统的一个本质属性。系统总是处在赖以生存和发展的环境之中，并不断同环境进行物质、能量和信息的交换。在德育这个系统中，包含着三个最基本的因素：即教育者、受教育者、教育过程。其相互联系，互相影响，十分密切。

第二，系统内部各要素具有层次性和等级性，系统的不同层次有着不同的规律。德育的层次性取决于德育对象的层次性，要提升德育效果，必须把握层次性要求，树立德育对象主体性观念，加强针对性工作。研究德育对象的层次性，要注重学生全面发展和理想人

格塑造的序列性，在学生学习过程的不同阶段、不同时机、不同教育环节，实施不同的教育内容，采取不同的方式、手段，满足学生不断成长的需要，分层次有重点，由低到高，由浅入深，形成循序渐进的系列教育格局，使实践随着教育理论的发展向更高层次迈进。

第三，结构性系统功能的发挥，不仅取决于组成该系统的各个部分本身，而且取决于各个部分的结构形式，系统的总功能不是各个组成部分功能的简单叠加，而是各个部分功能的有机结合。这一理论要求我们立足于从要素、结构、功能与所处环境的相互联系和制约关系中，分析系统中各要素的结构功能，有意识、有目的地使系统内部各要素达到最佳建构和配置，以求系统形式结构最优和功能最优的整体效应。

因此，要做好以下几个方面的工作：高校、社会与家庭之间的沟通、合作与融合；高校内部各个工作部门、各个岗位之间的协调、有机结合。高校德育工作中的目标、内容、途径、方法、管理和评价等因素合理配置，整体联动，构建一个和谐的大德育工作系统。

二、新时期高校德育创新的原则

（一）主体性原则

所谓主体性原则，就是指在高校德育工作过程中，始终将大学生置于主体地位，始终把大学生看成是德育活动的主体，注重培育和造就大学生的主体性。

把学生作为学校教育的价值主体，确立学生在高校德育中的主体地位。转变将学生仅仅作为教育和管理的对象的现象，坚持以学生为根本，以学生为核心，以学生为目的，尊重学生，理解学生，关爱学生，把促进学生的成长、成才作为高校德育的根本价值取向。

把学生作为学校教育的动力主体，激发学生自我教育的积极性。转变过多地强调教育管理工作者的主导责任，而对学生的主体作用和自我教育重视不够的现象，致力于唤醒学生的主体意识，激发学生的主体热情，调动学生的主体积极性，在课堂教学、校园文化、社团活动、社会实践等环节中，更加充分地发挥学生的主体作用。

把学生作为学校教育的权利主体，切实维护其合法权益。转变重管理、重视对学生的义务要求，而轻服务、忽视学生权益维护的现象，高度重视学生所应具有的受教育权和公民权，使高校德育的过程，成为尊重和维护学生合法权益的过程，成为服务学生成长成才和全面发展的过程。

把学生作为学校教育的发展主体，促进学生的全面发展。转变重知识轻素质、重灌输轻发展的现象，构建科学与人文相统一的素质结构、社会化与个性化相统一的人格结构，促进学生各种素质的和谐发展。

（二）开放性原则

所谓开放性原则，是指高校德育创新必须彻底打破传统的封闭模式，在德育的目标、内容和手段等方面实行全方位开放，把学生从以往的束缚中彻底解放出来，使他们在开放式德育过程中，处于自主、自觉、自愿的状态去接受、思考、判断和分析。

1. 德育目标要体现开放性

德育目标是高校德育的指针和方向，决定了德育内容、手段和方法等的选择，在德育工作中始终起着主导性和规范性的作用。考察世界先进国家高校的德育目标，可以从中发现，开放性是它们德育目标的共同特色。

2. 德育内容要注重开放性

学生的道德发展是一个持续的、有内在规律的过程。因此，德育内容的开放性，应遵循学生道德发展的规律，充分考虑学生理解和接受的能力，根据时代发展和形势变化而不断丰富和更新。

首先，把道德教育内容的价值准则和规范系统向学生开放，让学生独立思考，理性选择。

其次，灵活使用不同的德育理论和教材。在遵循国家德育统一目标的原则下，根据本地和学生的实际，引进和吸纳一些先进国家的德育理论和经验，开阔学生的视野，增加对全球德育发展趋势的了解。

最后，德育内容应贴近实际生活。学校应根据学生实际，定期进行一些诸如形势教育、国家方针政策教育、法纪教育、公德教育、健康教育、环保教育，等等。这些德育内容鲜活丰富，与实际生活密切相关，学生容易理解且乐意接受。

3. 德育手段要展现开放性

充分运用现代科技手段，展现德育课堂教学的开放性。如用计算机模拟一些在实际生活中涉及道德问题的个案,再组织学生进行分析、处理。用电化教学再现历史画面和生活情境,让学生身临其境,真切体验,增加感性认识,使开放中的德育课堂变得生动活泼、丰富多彩,提高德育课堂的教学效果。

(三) 实践性原则

所谓实践性,是指高校德育创新应在开放的基础上,通过师生互动和活动体验,使德育过程成为激发学生道德思维和创造的过程,在动态中实现德育的内化、提升。

1. 德育课堂要贯穿实践性

德育课堂的实践性就是培养学生分析问题和解决问题的能力,使实践的过程成为学生道德自我完善成熟的过程。

首先,德育课堂的实践性,要突出教师与学生、学生与学生间的互动,在互动中交流、探讨、内化、提高。

其次,德育课堂的实践性,要突出学生动手、动脑能力的培养,使学生面对现实生活中的道德问题,能够从容地运用自己的道德经验去解决处理。

2. 德育活动要突出实践性

德育活动的实践性,应注重学生在活动中的亲身体验,强调学生通过实践活动获取直接经验。高校具有德育作用和效果的活动不少。比如,新生军训、社会实践等。这些活动可以按照现代德育理念进行科学设计,重点开发,突出活动中学生对事物的感性认识,充分调动学生的感觉器官与心灵的双向交流,把交流中获取的感觉、感知、感情通过思想的过滤、提炼,升华到理性认识,凝结成自己的道德观点。

(四) 层次性原则

所谓层次性原则,是指高校德育工作要根据不同教育阶段大学生的年龄特征和思想品德水平,确定不同的教育方法、教育目标、教育内容和教育要求等,做到因人施教、因龄施教、因情施教。

1. 要因人确定德育工作目标

在德育过程中重理论知识的灌输,轻道德体验、道德情感和道德意志的培养与塑造,轻行动的锻炼。高校德育工作要拟定一套基本的道德要求,努力分层次、有步骤地引导大学生从低向高、脚踏实地从基本道德要求向较高道德追求迈进。

2. 要因人确定德育工作的广度和深度

大学生由于年龄和身心发展水平的差异，所能接受的德育内容层次的广度和深度也就不同。因此，高校德育工作在具体要求、内容上必须与其相适应。极少数大学生存在厌学、心理障碍等情况，如果内容的广度和深度脱离了其实际，即使内容正确无误，其结果必然收效甚微或者无效。

3. 要因人确定德育工作的手段和方法

高校德育课教师必须认真研究大学生的个性特征，分清其应达到的道德水平，分清其因个体经验、阅历的不同而呈现出的不同个体道德成熟水平，对不同学生选择并实施不同的手段和方法。

第三节 新时期高校德育创新模式

一、高校德育理念创新

高校德育的目的，是从根本上转变德育观念，把德育放在首位，新时代高校要把社会主义核心价值体系有效地融入高校德育教育过程中，不断强化德育是教育的核心，是社会发展的灵魂。

（一）要破除"教师中心论"的旧观念

教师在德育教育教学过程中，既是教育者又是受教育者，这样才能做到与学生教学相长，相互提升；同时，教师的角色应由"演员"向"导演"转变，教师要善于调动每一个学生的内在积极性，发挥每一个学生的主体能动性，使学生从被动的受教育者成为主动学习的自我教育者。而且把这种"人本"思想体现在对学生的日常生活和学习的关心、帮助、尊重和激励上，成为学生的良师益友，准确把握学生的思想动脉，积极引导学生道德的发展方向。

（二）要树立"学生中心论"的新观念

充分发挥学生自身的主体意识，让学生在德育教育教学活动中"搭台唱戏"，成为活动的主角。这样，不但会满足学生自我实现的心理需求，还要增强学生的价值感和成就感。同时，学生角色成为"演员"后，原先那些社会要求就会转化为学生的自我要求，那些外在的道德原则和社会规范就会内化为他们自身的道德信念和行为准则，从而使学生由"道德他律"变为"道德自律"，自觉规范自己的行为，成为德行高尚的人。

二、高校德育内容创新

要从全面建成小康社会的实际出发，从高校学生全面发展的需要出发，坚持以学生为本，解放思想，实事求是，与时俱进，遵循德育发展的新理念，在实践中不断创新高校德育内容。

（一）德育内容创新应与时代发展相适应

高等学校德育要适应新的历史条件，不断改革内容和方法，不断创造新经验。21世纪的德育，其目标应该从单纯的政治思想品德功能，向注重学生综合素质和个性发展进行拓展，从而符合知识经济对人才全方位的要求。德育内容将根据新世纪的世界格局，根据受教育者的特点，不断改革和完善教学内容，在提高受教育者的综合素质上下功夫，促进人的全面发展和个性的自由发挥，从而使德育理论成为一个能适应变革的综合化新体系。同时，适应民族性教育和国际性教育的双重需要，德育工作在进一步深入挖掘和继承民族优秀历史文化传统的同时，把传统文化与现代化科学嫁接起来，把德育内容与世界政治、经济、文化、军事等方面联系起来，从横向和纵向两个方面不断拓展德育工作的范围和空间，从而从大视野、大思路去迎接世界的风云变化和发展格局，培养全面发展的综合型素质人才。

（二）德育内容应与人才发展的需求相适应

21世纪教育委员会提出人才素质的标准：

第一，有积极进取开拓的精神；

第二，有崇高的道德品质和对人类的责任感；

第三，在急剧变化的竞争中，有较强的适应能力和创造能力；

第四，有宽厚扎实的基础知识，有广泛联系实际、解决实际问题的能力：

第五，有终身学习的本领，适应科学技术综合化的发展趋向：

第六，有丰富多彩的健康个性；

第七，具有和他人协调和进行国际交往的能力。

这给我们发出一个强烈的信号，国际教育界人才培养思路发生了重大变化，从学知识到做事到与他人相处，再到学会发展，学会做人，都开始把眼光从单纯的专业技能教育，转向全面素质的提高，都强调人才培养要从单纯知识的掌握，到能力的发展，到与人相处的艺术，到广泛可持续发展的潜质。

可见，德育在人才素质的培养中具有重要的位置。德育内容创新要以习近平新时代中国特色社会主义思想为指导，把学生培养为全面的人、独立的人、道德的人、健康的人、创新的人，即不仅要关注受教育者政治方向、思想观念等意识层面上的问题，也要关注受教育者的身心健康；不仅注重受教育者知识、技能、思维的培养，也要十分重视受教育者情感、意志、兴趣、需要、信仰等个性素质，以及社会责任感与社会能力的培养。

总而言之，德育不仅要为受教育者成长指明方向，而且要为受教育者成长所需的个性与才能的发展提供必要的指导与帮助。

三、高校德育方法创新

（一）科学运用典型示范的方法并确立引导式德育方法

运用典型示范的方法，就是利用典型的人和事例对学生进行教育，引导学生去学习、对照和仿效。典型示范法的特点是将抽象的说理变成活生生的典型人物或事件来进行教育，从而激起人们思想情感的共鸣。

第一，深入实际，善于发现典型和推广典型，树立的典型必须有群众基础，其先进事迹必须真实可靠；

第二，组织、引导学生有计划、有步骤地学习先进；

第三，做好宣传工作，使学生提高学习榜样的思想认识，端正学习态度，如参观展览、听报告会、与模范人物座谈、听先进个人介绍经验，等等；

第四，形成一个比、学、赶、帮、超的良好舆论环境，推动学习；

第五，德育工作者自己也要把先进人物作为追赶对象，这样引导学生学习榜样才能有力量。

（二）重视校园文化建设并确立渗透式德育方法

校园文化是社会文化的一种亚文化，是具有高等学校特点的一种精神环境和文化氛围，它包括学校的教学、科研活动，以及校风、学风、校园环境、制度建设、管理水平、生活服务等多方面的内容。大学生生活绝大部分时光是在校园文化的潜移默化作用中度过的，通过校园文化的渗透可确立渗透式德育方法。

1. 由有形教育向无形教育转化

有形教育指"两课"教育，党团组织生活、形势政策报告，以及政治学习和讨论等专门的德育活动。无形教育指校风、学风、教风、班风等校园文化的潜移默化。有形教育是必要的。但是，若在运作方式上恰当地借助于无形教育，效果可能更好。无形教育形式多样，生动活泼，寓教于美，寓教于乐，使学生在无形无声中受到熏陶和感染，校园文化就具有这种无形教育的特点，因此，加强校园文化建设，努力塑造校园精神，弘扬富有时代特色的校园精神主旋律，成为教育学生的重要力量。

2. 由有意识教育向无意识教育转化

有意识教育，是指有目的、有计划、有组织地对大学生施加思想、政治和道德影响的以理性形式出现的德育活动。无意识教育，是指体现一定价值观念和审美意向的、以感性形式出现的各种有声有色的校园文化活动及物质环境。校园文化通过提供具有教育意义的场景和活动，对大学生施加影响，使其在无意识中得到教诲。因此，在校园文化建设中，大力绿化、美化校园，发扬为人师表、尊师爱生的风气，完善校园文化设施，开展丰富多彩的文艺活动，努力营造校园氛围，这是使有意识教育向无意识教育转化的重要条件。

3. 由外在教育向自我教育转化

不管是有形教育向无形教育转化，还是有意识教育向无意识教育转化，归根结底，是外在教育向内在教育即自我教育的转化。作为校园文化主体的大学生，其活动的主要结果应该是他们自身的发展。为此，在校园文化建设中，应该创造各种学生喜闻乐见的形式，如各种演讲赛、辩论赛、学生宿舍文明建设等，通过学生积极主动地参与，不断提高学生自我教育的能力。

（三）拓展高校德育渠道并确立体验式德育方法

实践教育作为高校德育的渠道，是近年来高校德育工作者创造的一种理论联系实际的教育方法。这里的实践主要包括三层含义：一是指德育对象的人生实践、人生体验。例如，参观访问、社会调查、社会服务活动等。二是德育活动中的社会实践。例如，公益劳动、青年志愿者服务队。三是德育行为的践行、养成。如学生参加军训、规范管理。实践教育之所以作为高校德育的一个重要方法加以提出，主要因为下列因素：从实践上看，自改革开放以来，高校德育在实践方面大胆改革，成绩显著，走出了一条成功的路子；从理论上看，实践既是德育的起点，又是德育的终点，还是德育实施的重要途径和方法，高校应重视实践教育，确立体验式德育方法。

首先，要引导学生勇于实践。即增加学生对人生的感性认识、初始认识，建立学生的初始信念。艰辛知人生，实践长才干。为此，要让学生深入生活，了解生活的底蕴。

其次，要从根本上提高学生对社会实践的认识。当前，我国改革发展正进入关键时期，高校德育要突出拥护和支持改革这个时代性课题，要通过理论教育和社会实践，从根本上坚定改革的信念，正确对待改革中利益关系的调整，积极为推进改革贡献力量。为此，要适应改革开放的新发展，及时调整充实德育基地，使实践教学制度化、规范化和系列化。

最后，注重德行养成。"纸上得来终觉浅，绝知此事要躬行。"一个人要养成良好的道德行为，只有理论知识是不够的，必须付诸实践，知行统一。

（四）贯彻因材施教原则并确立咨询式德育方法

因材施教，就是区分层次，因人施教，根据不同对象的特点和需要开展工作，在德育过程中，确立咨询式德育方法，融德育内容于其中，往往会收到很好的效果。从目前的发展趋势看，心理咨询不仅是一种治疗过程，更重要的是一种帮助、启发和教育的过程。咨询式德育方法是满足学生多方面的需要，是通过咨询机构在开展咨询服务的同时，兼有培训与辅导，以及评价与对策研究在内的三个相互联系的组成部分。

1. 咨询服务

它是整个咨询机构的首要任务，其内容涉及大学生有关的诸多方面，不仅是心理领域，如理想、人生、人格、社会、友谊、爱情、学习，以及某些病症，而且涉及工作方法与能力培养、就业与择业等方面的一些咨询内容。

2. 培训与辅导

旨在按照某种特定的要求，依据人的心理形式、变化和发展的相关原理，通过一定的背景与技术手段，训练辅导某个群体或个体达到某种特定的要求，从而增加一些培养学生心理素质或其他方面的不足内容。

3. 评价与对策研究

咨询式德育方法要科学化与正规化，评价与对策研究是必不可少的。这项工作是建立在咨询案例的积累与总结上。因此，咨询档案的建立成为首要的任务。结合高校的状况，可以进行以下几方面的评价与对策研究：一是新生基本素质的评价与分析，目的是把握学生的素质倾向性，并依此提出合乎科学的教育方法，真正做到因人施教；二是学生的基本素质评价与教育对策研究，目的在于科学地预测与把握学生的发展趋势，提出相应的教育对策，达到良好的教育效果，并为学生的择业提供指导性意见；三是常规测评内容与方法的研究，这是辅助咨询的手段，主要是通过一些量表来对学生进行评价。

（五）借助大众传播媒介实现德育手段的现代化

1. 要注重传统媒体的德育功能开发

当今时代，是一个大众传播媒介飞速发展的时代。报纸、杂志、书籍、广播、电视、电影、录像等大众传播媒介被称之为最重要的舆论工具，我们在注重传统媒体作用的同时，更要加强对其功能的开发，如在学生宿舍安装闭路电视，充分利用校报、广播台等，及时传播正面信息，分析热点、难点问题，帮助大学生化解矛盾，把问题消灭在萌芽状态。

2. 利用多媒体技术并增强德育课效果

信息技术、网络技术、多媒体技术在教育领域中的运用，使传统教学手段正发生着日新月异的变化。思想教育的个别谈话式将一改传统的"直面"的形式，不受时间与空间的限制，教育者与受教育者之间的信息、思想、情感等内容的交流，将通过计算机这个中介来进行。新时代的高校德育，一方面，坚持和强化对大学生的社会意识形态教育、中华民族传统美德和优秀文化教育；另一方面，要努力实现德育课教育的现代化、多媒体化，深入研究德育课教学方法的特殊规律，开发一些多媒体德育教学软件，改变德育教学中呆板的一面，激发大学生学习的兴趣。

3. 运用现代网络技术并实现德育网络化

德育信息网络包括校报、校刊、校广播台、校有线电视台、阅报栏、宣传橱窗，特别是校园计算机网络。该网络既应充当"把关人"的角色，尽可能把一些流入学校的消极信息过滤掉，又应当发挥"天平"的作用，对一些难以过滤的消极信息进行平衡。该网络的主流应是积极向上的，阻挡、抵制网上的消极信息；要调动可以利用的校园内各种资源，或制作软件，或主动发布信息，主动向各种不良信息应战；要调动广大学生参与的积极性，让学生熟悉现代信息社会的基本运行手段和运行规则，使他们走出校园面对信息冲击，能显得比较成熟和从容。

四、高校德育环境创新

德育应是全社会的力量共同投入完成的大工程，要遵循德育规律，建立起学校、家庭、社会"三位一体""齐抓共管"的"大德育"格局。

（一）高校、社会和家庭各司其职

从学校方面看，幼儿园、小学、初中、高中、大学每个阶段都应很好地开展德育工作，这几个环节是相互衔接的，德育工作是一个过程，把每个阶段抓好，才能为高校德育工作铺好路，打好基础。高校是大学生成才的摇篮，营造优良的德育氛围，对大学生思想品德的形成和发展起着至关重要的作用。高校要全面贯彻和执行党的教育方针，加大德育工作的力度，全方位、全过程、多角度地对学生实施教育和影响，在各门学科教学中努力渗透思想品德教育。

从社会方面看，社会的各个部门和行业也应配合高校德育工作。大学时期是大学生世界观、人生观、价值观形成的重要时期，社会环境的优劣对其思想道德素质培养起着重要的作用。优化社会环境应引起全社会的高度重视，需要各级党委、政府和全体公民的共同努力。

从家庭方面看，家长要时刻关注孩子的变化，多与孩子沟通、谈心，及时纠正他们错误的人生观、价值观，将孩子引向正常生活的轨道，跟上时代潮流。

（二）高校、社会和家庭的沟通与合作

毫无疑问，在对大学生的德育教育过程中，学校、社会、家庭三者的影响，都是不可忽视的，需要学校、社会、家庭三个方面形成一个有机的系统来共同完成。当前，高校德育工作中存在着与家庭、社会协调不够的问题，必须加以克服。

学校要主动争取家庭、社会对学校德育的支持，充分发挥家庭、社会教育的积极作用。教师要主动联系家长，建立家、校联系制度，互通学生有关情况，使学生的教育不留"盲点"；同时，使家长的意见及时得到反映，促进学校德育工作和家庭德育工作有针对性地开展。

学校应充分开发、利用社会丰富的德育资源，开展德育工作。通过校企合作、产教结合等形式，多渠道创建校外德育基地，紧密结合学生学习的专业实际，聘请有关人员为校外德育辅导员，并定期请他们来校讲课，通过走出去、请进来，开阔学生视野，使培养出来的学生适应社会的需要。学校应定期对学生进行跟踪调查，了解社会对人才培养的要求和学生适应社会的情况，以改进高校德育工作。

五、加强师德建设

一所学校能不能为社会主义建设培养合格的人才，培养德智体全面发展、有社会主义觉悟、有文化的劳动者，关键在教师。

在高校德育中，教师作为人类灵魂的工程师，发挥着主导作用。一所学校的教师师德状况如何，不仅可以反映出该校教师队伍素质的高低和教学质量的好坏，还直接影响着师生的精神风貌和学校的整体文明程度。在学校德育工作中，衡量德育效果的高低，通常是

看德育目标转化为个体品质的程度。如果教育培养目标的要求能够转化为学生个体的素质，那么德育工作就达到了预期的效果。德育效果一方面与受教育者的接受程度有关，另一方面也与教育者自身的思想修养有关。教育的一般规律告诉我们：教育是教育者和受教育者的双边活动，且教育者在活动中起重要作用，也就是说，在德育工作中，教师队伍的师德状况是决定德育效果的主要因素之一。这是因为教育具有以人格培养人格、以灵魂塑造灵魂的特点。长期的教学实践表明，教师良好的思想观念、品德修养，对学生的健康成长具有重要的导向作用和潜移默化的影响作用。

制度建设是教师队伍建设的基础。良好师德的养成是一个渐进的过程，既要靠自律，也要靠他律。在师德建设中，既要重视思想教育的作用，又要从制度上加以严格的约束和管理，督促教师自觉履行教书育人的职责。

当前，应重点制定和完善以下几项制度：

（一）师德学习培训制度

首先，政治素质的培训。主要包括：政治理论教育、时事政策教育、法律法规教育等。

其次，道德素质的培训。主要包括：公民道德规范教育、教师职业道德教育、学术道德教育等。

再次，业务素质的培训。主要包括：学习教育的新理论、新观念、新思想、新知识、新方法等。

（二）师德考评监督制度

充分发挥师德考评和社会监督作用，是提高师德水平的重要保证。"人非圣贤，孰能无过？"有了他人和社会的监督，教师会更加注重自己的一言一行。对教师师德的考评，也是对教师德才表现和工作成绩的综合检查，对教师本身的发展有着重要的影响作用。高校应采取民主公开的方法，建立健全教师自评、教师互评、学生评价和领导评价相结合的考评机制，使教师更清楚地认识到自己的形象，从而督促自己在任何时候都要做到为人师表。

（三）师德激励约束制度

良好师德的形成既要靠学习教育，也要靠激励约束。学习教育是基础，激励约束是一种必要的手段。激励就是表彰先进，树立榜样，建立师德标准；约束就是对违反师德的教师按照规定严肃处理，对于品德不良、师德败坏、社会影响恶劣的，坚决取消其教师资格，从而使教师在制度的约束下，自觉规范自己的言行。良好师德的养成，有赖于强有力的激励和约束机制，只有这样，才能确保师德建设取得实效。

（四）师德内化自律制度

提高师德修养，离不开外部的条件和作用。但是，主要还是依靠教师自身的主观努力和高度的自觉性。师德修养就其本质来说，是教师内心的自我认识、自我教育、自我提高。因此，建立师德内化自律制度十分重要。内化就是教师将社会约定的职业道德规范转化为教师自身的行为准则，将外在的约束和要求转化为自身道德修养的过程；自律就是无论是否有外在的约束或监督，教师都能严格要求自己，自觉自愿地遵守规范。内化自律制度的建立，使得教师在行动中遵守师德规范时，内心会感受到欣慰和愉悦；如果违背了原则，就会内疚和自责，从而达到"慎独"自律这样一种高度自觉的道德境界。

六、德育评价机制的创新

（一）建立多功能的学生德育评价机制

高校的学生德育评价的目的，不仅仅在于评定学生的德育水平，对学生的德育状况有一个诊断，更重要的意义是，通过德育的评价起到鼓励先进、鞭策后进的激励作用。只有通过充分激发德育评价的激励功能，才能使学校的德育活动自始至终处于一种积极活跃的最佳状态之中。

（二）德育评价要从"单一结果评价"向"多样结果评价"转变

当前，德育评价单一结果的评价形式，越来越不能反映学生多样化的状况和不同的个体特点，在客观上也不能适应高校素质教育的推行和社会对大学生多样人才的现实需求。因此，德育评价在内容上要从单纯重视道德认知成绩的评定，转向对学生的"德"和"能"综合素质的全面考察。在结果上，要从单一综合定性等级评价转变为客观反映学生各类情况多样化的纪实评价，建立起综合性的、多样化的学生新型评价体系，积极推进学生德育评价体制的革新。

（三）德育评价要将"自评"和"他评"结合起来

在高校的育人过程中，教育者和学生都是主体，既要充分发挥教师在教育过程中的主导作用，也要充分尊重学生的主体地位。这是一个重要的现代教育理念。但是，在现实的学生德育评价过程中，学生往往处于较为被动的被评定地位，学生德育评价往往注重"他评"，而忽视学生对自身德育状况的"自评"，没有充分体现和发挥学生的主体地位与作用。因此，我们要通过德育评价从"他评"到"自评"的转变，将两者有机地结合起来，积极引导学生把德育的外在要求转化为内在的动力，促使评价活动成为学生自我教育、自我调节的有效载体，更大地发挥德育评价的导向激励功能。

（四）德育评价要将"定性评价"和"定量评价"结合起来

在现实操作中，通过定量评价产生学生德育定性等级的办法，带有很大的不合理性。同时，由于定量评价是产生学生德育定性等级的基础，因此，学生都十分注重各项指标的得分，这往往导致高校学生德育评价由对学生德育的诊断与激励变成学生对利益的追逐，所以，要定性评价与定量评价相结合。定量评价是指采用数学的方法，收集和处理数据资料，对评价对象做出定量结论的价值判断。定性评价是指不采用数学方法，而是根据评价对象平时的表现、现实的状态或文献资料的观察分析，直接对评价对象做出评价的价值判断，以求得对学生更客观和更全面的评价。

总之，中国特色社会主义进入新时代，对于我国的发展是一个机遇和挑战，对我国高校德育提出了更高的要求。高校德育教育可以说是一项系统工程，离不开具有新时代德育观念的支撑，离不开适应新时代发展的德育内容和方式的更新，更离不开具有高素质的教育工作者的参与。高校德育是一项长期而艰巨的工作，在这个过程中，高校德育要明确发展方向，不断加深与社会主义核心价值观的融合，培养新时代的大学生。

第二章 高校文化德育教育

第一节 高校德育的文化本质

文化育人是在育人中传承文化、实践文化、创造文化的过程，在价值上要有使命的担当，要有文化普适性价值的弘扬以及文化内涵的开掘与提炼，体现出文化自信与文化自觉，进而成为公民、社会和国家价值观教育的基础性保障。

一、核心价值观教育的文化哲学

人类社会发展进程表明，面对价值真理和道德规范，社会成员并不是一味被动地接受，而是会主观能动地甄别和取舍，最终形成固有的价值观。这种价值观一经形成，就会渗入社会成员的价值活动之中，并在根本上成为其价值判断、选择、追求及创新的主要依据。价值观教育是教育对象在教育者的价值引导下自主地构建思想理念和道德品质的过程。任何社会都需要占主导地位的核心价值观来"反映社会发展本质规律、引领社会成员精神生活、促进个体进步发展"，没有核心价值观的社会是极不稳定的。社会存在和社会意识影响社会核心价值观的形成，核心价值观教育使社会成员自觉遵从并愿意用这个价值观来指导和规范自己的行为，以软性方式体现社会意识形态对社会成员的控制和领导，是主流意识形态掌握社会生活的根本性手段。

人的能动本性，决定了作为教育对象的社会成员在初始阶段对社会主义核心价值观教育是"接受与拒斥、认同与否定、选择和摒弃"同时并存的。从教育的内部机制来看，作为根源性影响因素，核心价值观教育成效取决于教育对象对价值理念的认同、需要及应用程度，即这种真理、规范对其自身价值实现的影响和作用。当今社会，多元文化汇聚导致的价值多元很大程度上带来社会主流价值观所引领的社会生活的无序和无力，需要我们从追溯文化起源、统一文化共识的德育实践中探究相应的工作方法和途径。人文文化素养是塑造高尚道德情操和责任感的基石。青年处于价值观形成时期，较易受到外来文化的影响，但是一旦经过实践认知确立了价值理想，并将这种理想作为终生追求，就会在坚定不移的推崇中构建起个人行为法则。在这种法则的指导下，具有共同价值理想的个体的行为逐渐趋同，为实现社会大同发展创造了可能。多元文化的发展既给社会主义核心价值观教育带来了严峻的挑战，也带来了难得的机遇。它有助于人们的多元化观念、全球意识、开放意识、竞争意识、创新意识、民主意识、权利意识及自由平等意识的形成和提升，其内涵丰富性为相关教育实践提供了大量的信息资料，有利于增强核心价值观教育的针对性和实效性。

马克思关于人性价值的理论强调，人只有为他人的完美和幸福而工作，才能使自己也达到完美，深刻地体现出人的社会价值和自我价值是相辅相成、辩证统一的。大学生在成长发展的这一阶段有着高昂、积极、自觉的能动性，随着社会实践经验的丰富，能动选择的能力不断增强，个体价值观的深刻变化也从一个侧面反映着社会价值观的深刻变革。大学生核心价值观教育作为一项关系国家、民族和社会发展的长远战略性工作，应当立足国家和民族的历史文脉，关注大学生身心发展的特征和规律，结合个体生命诉求，积极处理好社会价值和个体价值的关系，促使两者实现充分互动和有效循环："社会价值的实现必须通过个体的自觉价值创造活动来具体承担和完成，而且社会价值实现始终是以个人的生存、发展和个人的全面发展为起点和归宿的；个体也只有通过改造客观世界促进社会发展的价值创造活动才能实现自我价值。"①

二、文化传承视域下的我国高校大学生核心价值观教育

价值观决定个体的自我认识，影响并决定着个体的理想信念和目标追求。大学生处于身心快速发展的阶段，自我发展意识不断增强，"用自己的眼睛"寻求发展机遇、满足自身需要、实现人生价值，他们的价值理念不仅承载了基础教育的厚重思想积淀，而且在汲取新思想的过程中能够转化和升华。中华民族在五千年长期发展融合中形成了兼容并包的

---

① 刘辉：《社会价值实现与个体价值实现的关系"》，《广西社会科学》，2003年第11期，第31-33页。

民族性格、思想心理、行为方式和价值取向，铸就了民族向心力、凝聚力，这也是华夏儿女价值观稳定性和持久性的重要基础。中国文化具有"人文"核心，立足民族文化根基，一以贯之，绵延不断，同时，开放融通，博采众长，在自我超越中日臻丰富和完善，具有深厚蓬勃的价值生命力，其灵魂始终存在于社会成员精神意识中，是中华儿女价值观最重要的基础元素，深刻影响着社会核心价值体系的构建。正是核心价值观的持久性主导和引领，才在亿万个体价值实现过程中实现着社会价值追求，并不断构筑起全社会文化的软实力。可以说，"核心价值观是统摄文化软实力的'魂'，支配着文化软实力的生命力；是标志文化软实力的'核'，决定着文化软实力的性质和方向；是支撑文化软实力的'钙'，铸造着文化软实力虽'软'犹'实'的脊梁。"①新时期，我国社会民族文化与外来文化剧烈碰撞，多元文化环境消解社会主导价值观，一定程度上造成大学生道德认知模糊和价值选择紊乱，处于希望和迷茫并存交错的心态中，他们对核心价值观认同上的困惑、矛盾和冲突时有增加，但必须看到，强烈的爱国情怀和国家意识、高度的民族自信心和社会责任感仍是大学生的思想主流。

在实用主义、享乐主义、纵欲主义思潮和个人主义价值观的影响下，"钱本位""名本位"等倾向继续成为现阶段不少大学生的内心所向，是当前价值观教育必须面对的重大难题。

长期以来，我国社会建构大学生的官方传统就是将其视为担负未来社会建设重任的生力军，注重强调其"接班人"的意识形态特质，这种文化传统灌输忽略了大学生的心理自觉性和主动性。

三、我国大学生核心价值观教育的提升路径

（一）与时俱进，科学厘清价值观教育内容

社会主义核心价值观从国家、社会与个人三个层面来论述，具体内涵为富强、民主、文明、和谐；自由、平等、公正、法治；爱国、敬业、诚信、友善。这24个字是社会主义核心价值观的基本内容。新时代下，我国继续大力培育与弘扬社会主义核心价值观。社

---

① 周薇：《评论：核心价值观是文化软实力建设重中之重》，《南方日报》2014年3月3日，第2版。

会主义核心价值观集中体现出当代中国精神,指导着人们的行为准则,凝结着人民的价值共识。

核心价值观是一定社会背景下的意识形态,在不同时代、不同地区都会呈现其独特的内涵,其教育必须顺应社会发展规律和进步潮流。开放时代,我国高校大学生接受信息的广度和深度变化显著,给传统价值观教育带来了不小冲击,以往强势、教条化的教育内容必然无法使日新月异的社会环境中的核心价值观教育达到理想效果。同时,价值观从来就是一定时期社会文化的价值观,世界各国大都注重从根本上培养民族精神和寻根意识,联系时代发展趋势和要求,不断激发大学生对国家、民族的由衷热爱和强烈使命感,有效地统一和强化社会价值认同。

中华文化源远流长、博大精深,历经历史长河洗礼传承不辍,具有强大的生命力,其精髓是我国社会道德教育的基础和灵魂。可以说,丰富的传统文化积淀和滋润是中国特色社会主义核心价值体系建设的源头活水,民族精神与时代精神相辅相成,在核心价值观教育中发挥着主心骨的作用。如何在社会主义核心价值体系的框架下深化价值共识,树立价值标杆,需要从"中国梦"的深刻内涵和实现举措上探寻有效契合点。作为中国未来发展的目标和方向,"中国梦"不仅凝聚人心、汇聚共识,充满了正能量,同时也包容和谐,与世界各国人民的发展之梦交相辉映。我们要秉持历史继承性、时代现实性和未来前瞻性相结合的教育理念,积极把握马克思主义指导思想、中国特色社会主义共同理想、以爱国主义为核心的民族精神、以改革创新为核心的时代精神和以社会主义荣辱观为基本内容的当代中国文化主流话语系统,在现代道德生活的基础上培育充满生机与活力的社会主义核心价值观。同时,核心价值观的凝练也要兼容并包,拓宽视野,勇于超越民族、区域的界限,认真协调异质性文化间的矛盾冲突,积极汲取全球人类文明的共同成果。科学厘清社会主义核心价值观内容,是核心价值观教育的前提和基础。

(二)丰富载体,全面优化价值观教育环境

当前我国大学生的核心价值观教育缺乏广泛有效的认知场景,尚未很好地引导他们去体验角色,培养其批判性思维和决策能力。也正因为如此,较为僵化的思想引导无法激发大学生的思维积极性和创造性,动员自我来提升精神境界,发自内心地将道德原则内化为

道德信念。从组成形态上来看，社会环境把理性的道德精神遍布在自然的教育环境中，把抽象的理论寓于具体问题的解决过程中，教育途径间接性、传递渗透性、接受自主性等特点使其影响具有显性教育无法替代的作用。

我们要立足社会需要与大学生全面发展的有机结合，探索创新广泛、高效的社会主义核心价值观普及传播的载体，充分利用他们身边熟悉的社会环境资源，把理论教育与社会体验结合起来，使他们在社会现实生活中准确自我定位，培育起有利于个人发展并符合社会要求的情感意愿和价值信念。政府要借鉴西方经验，充分重视利用社会文化机构和大众传媒对大学生施加思想影响和意识熏陶，通过组织特定的群体性、主题性活动统一道德认知，使大学生由浅入深地理解和吸收社会核心价值理念，最终实现根深蒂固的认同、信仰和持之以恒的实践、奋斗。高校也要努力建设体现国家文化特点、时代特征和学校特色的大学文化，使大学生在现代大学精神的润育下烙上社会主义先进文化之印，形成符合时代潮流的社会主义核心价值观。此外，我们也要积极把握大学生社会化成长趋势，注重强化大学生以社区精神为核心的精神家园意识，以社区文化为纽带，把社区变成大课堂，让大学生以"社会人"角色现实领悟社会主义核心价值体系的真正要义。"要利用各种时机和场合，形成有利于培育和弘扬社会主义核心价值观的生活情景和社会氛围，使核心价值观的影响像空气一样无所不在、无时不有。"[①] 全面优化各类载体和环境，是核心价值观教育的重要保障。

（三）尊重主体，着力转变价值观教育方式

全面深化教育改革的时期，由来已久的传统教育体制仍存在一定的思维定式，我国大学生价值观教育理论与实际脱节问题尚未得到有效解决，具体举措的科学性、实践性、联动性不强，缺乏对相关教育环节的系统把握，认知与行为还容易出现较大程度上的分裂。特别是着力主动占位，过于强化单项价值灌输，价值澄清、价值推理及价值分析等方法在教育过程中往往被忽略或弱化，导致价值观教育活动流于说教。西方人本主义心理学、认知发展派别及杜威的经验主义价值论高度重视个体生命诉求，十分强调价值观形成中对教育对象主体性的关注。社会主义核心价值观要成为能够指导并约束个体行为的信念，必须

---

① 《使社会主义核心价值观的影响像空气一样无所不在》，新华网.2014-2-25。

经过内化过程。这个过程仅靠简单灌输是无法完成的，必须尊崇人性和体认人情，吸引教育对象的主动参与。

借鉴西方人格品质教育理论，我们要注重培养大学生的道德判断能力，帮助他们形成高级批判性思维；尊重并激发他们思维的选择性、自觉性、能动性和创造性；引导他们自我教育、协同发展，增进与社会成员间的情感维系，不断增强社会归属感，把社会价值目标变成自身的价值追求，实现个体价值与社会价值的充分融合。对于处于社会化进程的大学生，教育者要在情感上理解、接纳并欣赏他们的时代特质，注重强化身心辅导、人生规划等引导性教育，让他们主动克服功利主义思潮，树立正确合理的人生追求。同时，"道不可生论，德不可空谈"，价值观教育要内化于心、外化于行，切实引导大学生以主体身份参与教育过程，在实践中逐步掌握社会生存能力，确立起符合社会发展要求的理想信念和道德准则。作为一种追求、信仰和使命，当前我国社会深入开展的"学雷锋"活动及志愿服务，实践倡导对生命价值与人的尊重，培养大学生对社会、对人类发展无私奉献的责任心、洗礼灵魂、升华境界，使他们在追求真善美的体验中树立积极的世界观、人生观和价值观，值得我们去深入探索其常态化运行机制。

（四）协同创新，有效拓展价值观教育空间

当前，我国社会主义核心价值观教育的制度化、规范化尚处起步阶段，立法尚不健全，理论界对核心价值观的表述虽然不断明晰，但未全面深入传播，大众化普及还缺乏足够的舆论支撑，大学生爱祖国、爱社会、服务他人的道德信念受各种主客观因素影响，时常容易出现动摇。分析教育主客体关系及影响因素，当代社会的大学生价值观教育无疑是一个多元影响、开放互动的系统工程。这一工程的建设需要进行全方位的统筹规划。

秉持协同创新理念，社会各层面要从国家战略的高度，齐心协力地共建社会主义核心价值观教育平台。高校要围绕人才培养目标，着力改革相关领域教育教学的内容和方法，创新组织管理形式；同时，要重视理论问题的深刻阐释和形势透析，大力推进学科德育，融合专业教学，强化实践体验，在系统的课堂教学中进一步提升价值观教育的成效。政府和社会机构要积极借鉴西方国家的有益经验，根据大学生思维方式、生活方式及行为方式的变化，重视以服务个体需求深化价值引导，通过运用一定的思想观念、道德规范和法律

制度，结合自身职能，在生涯教育、心理辅导等方面优化资源配置，创新协作方式，将核心价值观教育体系有目的、有计划地融入公民教育和社会生活"隐性"大课堂之中，激发大学生关怀社会和造福人类的使命感、责任感，促使他们形成符合社会要求的道德信念和价值理想，达到价值追求的新境界。构建全员全程格局，是核心价值观教育的提升动力。

"中国特色社会主义事业是面向未来的事业，需要一代又一代有志青年接续奋斗。……广大青年要积极响应党的号召，树立正确的世界观、人生观、价值观，永远热爱我们伟大的祖国，永远热爱我们伟大的人民，永远热爱我们伟大的中华民族，在投身中国特色社会主义伟大事业中，让青春焕发出绚丽的光彩。"[1]当下，大学生核心价值观教育应以体现国家价值目标、社会价值取向、公民个人价值准则的24字核心价值观为统领，积极把握中国特色社会主义发展要求，充分结合社会人文素养、精神追求及行为规范的提升，在塑造大学生"完全人格"过程中为社会发展不断积蓄精神动力。

第二节 高校文化的德育价值

社会的发展离不开拥有共同理想的社会成员，社会成员的成长和发展也必然需要与其心智相匹配的理想信念为指导。理想信念教育是一个社会特定发展阶段的德育基础和缩影。"功崇惟志，业广惟勤。"理想信念是精神支柱，有了正确的理想信念，人生就有了努力方向，前进就有了强大动力。中国梦，顺应了历史发展大势，顺应了时代进步潮流，顺应了人民过上美好生活的热切期待，是全国各族人民的共同理想，也是青年一代应该牢固树立的远大理想。中国特色社会主义是历史的选择、人民的选择，是实现中国梦的康庄大道、必由之路，也是广大青年应该牢固确立的人生信念。当代青年坚定理想信念，就是要走中国特色社会主义道路，为实现中国梦而奋斗。[2]"中国梦"作为我国青年奋斗目标的公约

---

[1] 本书编写组：《十八大报告辅导读本》，人民出版社2012年版，第57页。
[2] 中国青少年研究中心，中央团校：《共青团十七大报告学习辅导读本》，光明日报出版社2013年版，第7-8页。

数和交汇点,是每个青年成长进步的动力,广大大学生要在实现中国梦的征程中积极实现个人价值,促进自我发展和完善。

高校文化以其闪耀的理性光芒扎根于社会文化内核,是高校全面汲取历史文化精髓,融合时代发展特色不断充实并形成的切合自身使命和职责的世界观、价值观和方法论的集成。同时,作为社会先进文化的重要组成部分,它具有继承和创新相统一的理论品质,汇聚优秀历史传统与先进时代精神,以科学、民主、平等、自由、宽容、创新等内涵影响着一代又一代大学生的价值判断、思维方式和行为习惯,激励着他们肩负使命,心系国家、民族和人民,为实现社会共同理想而不懈奋斗。高校文化孕育的大学精神不仅为高校持续发展注入内在精神动力和坚强生命底蕴,而且以强烈的融合性和渗透性内化成大学生行为的共同理念,是高校德育的重要支撑和内涵来源。

一、我国高校文化发展中的理想信念教育

文化本质与人性本质统一于人类社会发展过程之中,文化本质可以说是人性本质的全面展现与积极发挥。崇高的理想信念是一种强大的精神力量,对于推动个人和社会发展都有变革性影响。高校是人类社会高尚理想的发源地,优质高端的高校文化激励着先进思想理念的产生,促进人们对生命意义更高层次的探索。

高等学校的出现源于文化的积淀,文化的凝聚促进了社会的变革,在高校文化熏陶下形成的青年理想信念对社会发展具有积极意义。可以说,没有近代高等教育的引领,中国近代化历史进程就必定要推迟。作为我国历史悠久、最具代表性的高等学校,北大精神是以中国文明为根基,容纳古今中外诸多思潮,结合时代背景进行创新的精神结晶,清华的创建也是汲取了源远流长、底蕴深厚的中华民族优秀文化传统,勇于挑起民族救亡的重担。

因此,具有历史和民族特质的高校文化,把个人的成长进步融入国家发展、民族振兴的洪流中去,联结起民族发展的血脉,引领着社会前进的方向。

学校的兴起和发展始终与国家、民族的兴衰联系在一起,自觉地担当着保护和发展民族文化的重任,高校文化始终闪烁着民族精神的灵魂。同时,高校强大的思想鉴别功能也决定了其文化抉择不会一味地顺应接收到的历史遗产,而将以自身独立性和批判性来认知、

理解和诠释民族文化历史，并促进其与社会先进文化融合，进而在坚持爱国主义与社会发展的高度统一中强化大学生的历史使命感、社会责任感。

二、高校文化的理想信念教育价值

"政治信念或思想道德价值观是文化的主要'构件'，它当然也不可能独立地、自由地'游荡'于文化的躯壳内，而必须合宜地身处于文化结构中为其预留的居所，体现并发挥它合宜的文化作用。"① 文化认同是大学精神传承和发展的直接依据，是不同时期大学精神相互关联的内在纽结，也是大学生理想信念产生的根基。高校根据社会文化环境和自身条件，结合国家、社会及自身的未来发展目标和任务考虑文化模式，建设反映时代精神、代表社会发展方向、体现人民群众根本利益的先进文化，其"潜在性、深刻性、持久性"具有不可替代的教育力量。我国高校文化的传承和发展对于大学生树立顺应历史潮流的"中国梦"理想具有极其重要的影响。

（一）统一共同价值追求

高校是社会文明的源泉，聚集了人类历史中思想、文化和科学的精华，高校文化孕育的大学精神自然成为一定的社会核心价值系统。大学精神使大学生在正直的文化系统中平等地交流和分享思想，奠基远大的人格目标和高尚的价值观基础，其中达成的高度思想共识赋予了他们坚定的人生信念和原则。理想是社会成员共同的思想基础，是社会赖以存在和发展的根本前提，作为社会精英群体的大学生的理想信念必须与国家民族命运紧密相连、与社会发展前进方向紧密相应。当代中国，以马克思主义为灵魂的社会主义核心价值体系是历史和人民的选择，也是高校文化发展的新成果，这一科学理论以习近平新时代中国特色社会主义思想为现实内容，统领大学生的价值观念和思维方式，构筑起他们奋发向上、积极进取的精神支柱。沐浴着先进文化的光照，大学生对这一体系的把握不仅仅从"理论坚信"跃升为"信念坚定"，更是从个体的"思想自醒"转化为统一的"行动自觉"。

（二）传承民族复兴理想

文化是一个民族得以强大的本源。作为服务民族战略利益的高级文化机构，高校承载

---

① 朱炜：《文化视域中的高校德育研究》，学林出版社2008年版，第126页。

的文化体现了民族的最高文化水准。自从高等学校这一社会组织形态产生以来，它始终伴随国运沉浮，引导广大青年学生高举爱国主义旗帜，将个人发展与国家前途、民族命运和人民福祉紧密相连，树立坚定的民族自尊心和自信心，形成维护国家利益、促进民族进步的强大精神动力和高尚情感。中华文化历经时代变迁绵延不断，与时偕行，真、善、美和谐共融的道德标准、人文品格和经世智慧始终扎根在世代华夏儿女心灵深处。追求真理、严谨求实，求新求变、生生不息，兼收并蓄、博大精深等特征既是传统文化的精髓，也已然成为我国高校文化的根本特质，对于当代大学生人格塑造、心理养成及精神构建大有裨益。我国社会发展进程已经充分印证，大学生只有在追求繁荣富强的大"我"中才能真正体现小"我"的人生价值，只有在实现中华民族复兴的伟大实践中，才能真正使自己获得自由而全面的发展。民族复兴理想是"中国梦"的核心要义。

（三）实践先进思想理念

大学精神追求身体力行，实践一直是高校育人的基本途径。高校文化不仅通过文化氛围和精神环境使广大青年学生对社会主流文化价值产生认同，而且注重理论与实际、理想与现实的紧密结合，有效地解决思想生活和生产发展中的实际问题，成为推动社会前进的重要力量。它以各种形式的教化实践陶冶情操、锻炼思维，使大学精神内化为大学生终身的精神气质、价值理想和行为规范，通过大学生的社会实践产生对社会发展的价值导向和进步影响。随着高等教育大众化发展，越来越多的社会成员经由高校文化的润化和熏陶形成共同的人生价值目标，他们务实进取、开拓创新，从中汲取正能量，最大限度地形成了社会思想共识。我们欣喜地看到，在当代中国社会，社会主义核心价值体系的践行群体正由此得以不断扩大。

三、基于高校文化传承的理想信念教育路径

高校文化在继承中创新，由理论走向实践，不仅仅创造了大学生理想信念培育和成长的氛围，更是奠定了大学生理想信念科学实现的坚实根基，其内在品质不仅是正确理想信念的价值目标，而且是指导和促进理想信念实现的源泉和动力。我们应立足"文化强国"的远大战略，积极发挥高校文化的育人优势，使大学生通过文化过程认知和剖析社会现实，

形成顺应社会发展方向的价值观,在"中国梦"战略统领下不断完善民族精神、国家意志、社会进步要求与现代大学精神相互融合的大学生理想信念教育体系。

(一)积极发挥高校文化统领性,明确教育内涵

价值追求决定着人们践行理想信念的方向和内容。作为融汇人文精神、价值理念和道德诉求的精神文明成果,高校文化表达了社会主导思想信念、行为规范和价值取向,促使大学生培养科学的世界观、方法论和追求民主、务实的科学精神,确立起崇高的民族观、国家观和社会价值观。《大学》开篇提出:"大学之道,在明明德,在亲民,在止于至善。"意谓大学教育要清楚自身的使命与责任,要"了解民情、体会民意、关注民生",要"努力实现人类社会的至高价值"。这从一个侧面反映了高等教育培养大学生社会责任意识的终极目标。长期以来,我国高校文化对马克思主义理论的汲取与研究促进了共产主义理想信念的形成与发展,这也构建了社会主义核心价值体系的指导思想和理论基础。同时,社会主义核心价值体系在总结吸收中华优秀传统文化的基础上顺应时代发展赋予的新内涵,无疑是当下我国社会的"文化精髓",高校应以此为统领,高扬社会主义文化理想,积极维护国家文化安全,坚持用马克思主义的立场、观点和方法引导大学生正确认识社会发展规律、国家前途命运和自身社会责任,避免他们在社会大变迁中的思想困惑和心理失衡;同时,也要用民族复兴的"中国梦"激励广大青年学生,引导他们将主体需求与社会发展紧密相连,使个人价值在与社会的共同发展中得以实现,从而增强对中国特色社会主义的道路自信、理论自信、制度自信、文化自信。

(二)牢固坚持高校文化民族性,保证教育方向

民族的觉醒,首先就是文化的觉醒。"四个讲清楚"的民族文化根基,指明了中华文化的历史地位和发展方向。高校文化总是深深扎根于民族文化,维系民族文化的血脉,从而免于在全球化的巨浪中随波逐流,失去自我认同。它不仅培育了大学生感悟、鉴别和继承文化精粹的能力和情怀,而且赋予了他们回馈民族的理想和使命。民族文化是理想信念教育最可靠的资源,只有具备了高度的民族文化认同,才能使大学生汇成振兴中华的滚滚洪流,推动中华民族伟大复兴的道路越走越宽阔。可见,民族复兴的中国梦扎根于中华文化绵延发展的沃土中,是传统精髓与时代主题的共同体。当下,高校应坚定地把握自身文

化的民族性，同时以改革创新的姿态在时代精神的培育和弘扬中传承民族精神。理想信念教育也要通过对传统文化的批判和监督，深刻认知、理解和诠释民族文化历史，进而去粗取精、去伪存真，求同存异、取长补短，孕育和塑造体现民族魅力的思想之花，丰富科学内涵，激发行动信念，聚积起广大青年学生实现民族复兴伟业的勇气和力量。

（三）科学把握高校文化辩证性，夯实教育基础

文化是植根于人的内在生命的人类群体相对稳定的行为方式，它根源于人的物质、精神需要，是人的自我超越本性的体现。高校文化直面永恒的生命，联动社会生活，归根到底是要解决人类生命的意义问题。由于高校文化拥有学术自由的宽容环境、标新立异的学术氛围、科学民主的大学制度，不同文化可以相互切磋与平等交流，自由选择和相互借鉴，最终修正偏差，达成共识。同时，高校文化以其自身的独立性、开放性、选择性、宽容性和系统性对不同文化和价值冲突进行协调、平衡、化解及融合，促使多元文化发展同社会主流文化保持良性互动关系。高校应充分发挥自身文化科学辩证的能动功效，加强大学生文化判断力和选择力的培养，使他们沐浴科学思想、自由学术和批判精神的光照，在个性气质和价值观的彰显、碰撞中逐步确立人生追求的积极方向，在种种复杂局势和变化面前乐观向上、从容应对，稳步走向成熟，迈向成功。

（四）充分激发高校文化创造性，提升教育水平

高校文化对于社会文化发展有旗帜性和示范性功能，同时也因为高校具有追求高尚价值、引领社会思想和社会文明的文化意识和文化自律，其文化先进性也为人类创造精神的培育准备了广阔的自由空间。在构建社会主义新型文化体系的过程中，高校文化不断创造先进的思想理念和文化形态，蕴含着极大的文化创造能量，让高校理性光芒照耀全社会。高校文化要以此为新的增长点，在全面筛选、深入吸收、有效整合的基础上不断创造反映时代特征的新知识、新思维、新观念和新精神，最大限度地保护并激发青年学生的探索精神和创新思维。高校文化的这一功能，最终将促使大学生在自尊、自信、自强的精神状态中充分反思人生的价值，不断明晰发展需求，进而突破传统限制，发掘自身潜能，凝聚起兼具民族特色和时代风采的智慧和力量，为实现发展新目标而努力奋斗。

（五）大力强化高校文化实践性，改善教育成效

实践是思想精神传导的重要载体，人们在体验生活和体察社会的过程中学习和运用正确理论，并使之转化为自己的思想认识和理想信念，不仅能激发深层的参与精神，而且能激发政治心理的转向和回应，实现思想道德原则与社会发展方向的高度一致。正如马克思主义实践观关于实践性质的描述，社会实践是人们对于外界认识的真理性标准。高校文化的实践精神不仅要帮助大学生全面了解国家和社会对人才的需求，进一步增强学习动力，而且要给予他们充分的选择自由，鼓励他们以主人翁的身份去参与社会建设，引导他们在生活体验中培养批判性思维能力和决策能力，增强社会责任感，树立起爱祖国、爱民族、爱社会、爱人民的情感立场，为社会持续发展不断注入强劲动力。

此外，高校文化自始以来就摒弃封闭，博采众长，主张积极地与不同文化进行对话，以理性的态度和创新的精神加入世界文化发展的潮流，在促进高校自身和谐的同时，为协调高校与社会的关系提供支持和保障，因而是开放社会新文化秩序的建设力量。理想信念教育的价值根植于对生命的思考，生命是社会生活中开放性、未来性的生命。面对各种思想文化相互交流和多元、多彩、多变的现代世界，理想信念教育体系也必然是一个开放系统。我国高校应让自身文化承载着人类价值理想和向往，有力地激发大学生为实现更高层次需求而完善自我的信心和勇气，同时主动建设文化合作和联动机制，把握大学生生命律动，全面协调成长进程中的困境，拓展生存发展空间，实现个体发展与社会发展的统一，这也是"中国梦"共同理想确立的必要价值基础。

高校文化创造源泉涌流，是全民族文化创造活力持续迸发的重要保证。高校文化应担当起光荣而神圣的责任，坚持新时代中国特色社会主义文化发展道路，以深厚的文化底蕴和内涵精神高屋建瓴地构筑大学生崇高而远大的内心世界，使他们成为实现"中国梦"的勇敢担纲者。

第三节 高校文化德育的基本原理

一、大学生文化思维的特性

从社会发展视角审视，文化孕育青年，直接或间接地给予青年人生哲理，为青年的全面发展营造环境、提供精神动力和活力源泉。同时，文化发展、青年先行，青年自下而上传承、弘扬、发展、创新社会文化的活动对社会文化生活有着积极深远影响。纵观我国近现代社会，青年文化可以说是社会文化的重要内核，特别是现代社会新文化主力影响结构的变迁，青年文化创新性作用更为明显，革命性影响也愈发显现。从公车上书、戊戌变法到辛亥革命、五四运动，从武昌起义到中国共产党的成立，作为社会发展先锋，一代又一代青年走在时代前沿，将个人"青春梦"与民族"复兴梦"、国家"强盛梦"紧密相连，成为中国"梦之队"的生力军。随着我国政治、经济、社会和文化变革的推进，青年文化在表达方式、内涵指向及与主流文化的关系等方面都发生了较大的变化，呈现出青年群体特有的思维品质，深度折射出青年自我认识和社会定位的转变。青年文化的形成不仅是青年习得文化知识、汲取文化精髓的过程，更是青年实践文化理念、创新文化领域、引领文化时尚的过程。作为中华文化的传承者和传播者，青年既要努力学习中华文化的优秀成果，自觉培养高度的文化自觉和文化自信，又要主动作为，深入开展文化实践，传承文化"精气神"，为弘扬中华文化、增强国家文化软实力、建设文化强国肩负起使命。

国内有不少专家学者曾对改革开放以来我国大学生思想道德特征流变历程和价值取向发展阶段做过梳理，相应的轨迹无不反映出道德价值观与文化律动的息息关联。作为依托青年知识分子构建并创造的特殊文化形态，大学生文化思维以相应的知识层次和理性追求为基础，受高校文化发展水平的影响和制约，突显出科学、民主、平等、自由、开放、创新等现代大学精神，体现着当代大学生思想、观念及心理等方面的新发展和新诉求。它拥有适应大学生特点的独立认识判断和价值体系，这种文化可以说是大学生借以感悟人生、认识社会并对生存状态、现实生活进行表达的重要载体。由于生理与心理的固有特征，大学生在对文化现象的本能反应中，主动观照自我实际，积极模仿社会时尚，竭力通过寻找自身社会位置获得心理保护和尊重。我们应当看到，校园文化之外的社会文化是广泛通行于社会大众层面的文化形态，具有"内容通俗化、格调感官化、形式简单化及包装时尚化"等特点，为大学生构建起了多重文化影响路径。它在工业社会的市场化扩张中孕育并形成，社会及市场环境是它的试金石。作为"文化新人类"，处于多元文化交融的前沿，大学生群体中流行文化的产生和发展受社会经济、政治、文化及大学生身心特点等多重因素影响，它从校园文化、社会文化中衍生而来，很大程度上反映出这些文化形态的阶段性发展要求，但并不完全附属于这些文化的全部发展走向，兼有两者特点，又按需发展。

马克思关于人的本质理论在强调人的社会性本质的同时指出："社会关系实际上决定着一个人能够发展到什么程度。"[①] 当前，我国社会关系不断丰富，社会结构和体制日益严密和复杂，社会发展也屡屡呈现出不平衡、不协调、不可持续等问题。大学生正处于社会化进程的实质阶段，从自然状态向社会状态的转变过程要求他们必须在社会认可的行为标准中形成自身的行为模式，使自己成为符合社会要求的社会成员。在社会生活中，他们要学习社会知识和运行规范，发展自己的社会性，取得参与社会活动的资格；同时，社会也按相应价值标准把他们培养和教化成符合其要求的社会成员。由于大学生思想开放、思维活跃，他们不仅寻求适应社会的行为方式，而且拥有积极参与社会变革的迫切意愿。社会文化发展遵循社会组织原则和运行规律，并通过各类传媒向全社会急速铺开，其呈现出的奋斗发展理念、公民责任意识、团队协作要求、职业道德准则、法律规则标准、公益服务精神及家庭道德目标等内容具有文化教化的强劲覆盖力和穿透力，使大学生社会交往方式发生了极大的改变，克服了"点对点"交往的局限性，实现了与社会"点对面"的交集，甚至发生了全方位的接触。大学生置身于多元文化充斥的社会环境中，获得了前所未有的思想交流空间和自由天地，因而在接纳文化潮流的时代变迁中，他们不仅能够率先做出反应，而且产生许多超越文化领域的行为结果，对于社会文化的发展也是新鲜补充和积极推动。

---

① 马克思，恩格斯：《马克思恩格斯全集》第3卷，人民出版社1960年版，第295页。

二、社会流行文化对大学生发展的影响

"文化对置身于其中的人们的社会性观念与行为,起着规制和引导的作用。"① 大学生社会化过程是大学生成长发展过程中不可逾越的特定过程。在这一过程中,大学生面对个体身心发展和现实生活中的种种矛盾,逐步成长、发展,实现个人与社会的密切融合和高度统一,思想道德认识也就需要有质的突破。高等学校处于较高的文化层面,精英文化使大学生能够在更高的层次上完成社会化的过程,这种文化解读式的社会化可以穿透大学生发展的诸多瓶颈,使许多观念性问题迎刃而解。随着全球化发展,不同国家和民族的思想文化逐渐融合,理想信念、价值追求领域多元化趋势已是必然,作为社会流行文化的积极追逐者,大学生对于新的信仰文化选择个性化趋向明显。同时,大学生社会化进程是在文化思潮引导下逐步形成文化价值体系的过程,其间开放式成长环境必然使他们与社会各种文化亲密接触。

集新异性、规模性、时效性等特征为一体的流行文化的涌现,不仅有助于大学生个性化风格和主体意识的彰显与发扬,而且有利于大学生对社会文化发展的推动与创新。在构筑文化新语境、制造文化新符号、构建文化新关系的社会文化体制转型升级中,大学生社会化进程迎来了崭新时代。我们可以不断看到,在新型的社会关系、教育理念和文化潮流的影响下,大学生素质发展突破传统教育标准化、同步化、集中化的限制,他们人生观、价值观及道德观的确立发生着嬗变。

当前,社会经济繁荣为文化的生产和消费提供了物质支持,大众传媒繁荣为文化的传播提供了畅通的渠道,流行文化已全方位地覆盖了人们的文化消费空间,虽在时间流逝中会此消彼长,但流行文化的延伸之势已不可遏制,并且在一定条件下有可能向社会主流文化辐射和转化。

(一)影响思想政治素质的定位

文化发展受到所在社会意识形态的深刻制约,但同时也反过来能动地影响社会意识形态。在社会大环境中,社会凭借自身管理手段,传播政治信息和意识形态,使大学生接受一定的政治行为及思维模式,实现社会政治文化的传承。可以说,社会教化与个体内化的

---

① 朱炜:《文化视域中的高校德育研究》,学林出版社 2008 年版,第 2 页。

对立统一是大学生政治素质发展的基本存在方式。流行文化的影响流动于社会教化和个体内化的过程之中，制约着社会教化的统一性和个体内化的积极性，在微观上作用于大学生政治人格的成长及其倾向，宏观上影响着社会政治文化的延续和转化。经济社会多元化思潮使得大学生文化现象更多地体现了市场经济的意识形态，其政治色彩已经大为淡化，理想远逝、功利凸显，甚至蕴含着对主流价值观及社会权力体系的否定和颠覆，道德关怀与道德嬉戏共存与对峙，表达了大学生对政治教化的漠视与质疑，这也制约着大学生内化社会政治教化的自觉性和主动性。我们应当看到，一些社会流行文化在很大程度上缘起于人们"逃离政治"的心理，这一发展基础切合大学生在政治失语之际寻求新的价值依托的政治文化需求。当然，流行文化对大学生思想政治素质定位也有积极的校正作用，尤其当其内涵富有国家兴亡、民族尊严等色彩时，就会激发起其内心深厚的政治能量，他们以积极理性意识和责任担当对社会倾注道德关怀，成为重要的社会道德审判力量，奥运文化、世博文化等的流行和发展就是其中的典型例证。

（二）影响个体心理素质的完善

大学生处在培养社会角色能力的黄金时期，意识观念渐进式形成，能否运用科学的道德标准来调节自身与群体其他成员之间的关系、指导自己融入社会群体，是其社会化进程的关键。文化充满丰富的情绪化因子，是影响社会成员心理素质的重要因素。大学生的心理尚处于不成熟和不完善期，虽然在接触社会过程中心理调适自主性有所发展，但仍存在不少心理弱区。他们的心理活动倾向于外部世界，"协调性愿望"和"差别性愿望"反映出他们在与同辈群体保持步调一致、不甘人后的同时，又希望能区别于他人。反观一些流行文化的影响，它发端于大学生缓解压力、寻求补偿的心理需要，极大地缓解了现实生活的枯燥和压抑，让他们暂时得到了某种替代性满足，心理压力得以释怀。同时，边缘化处境滋生了他们的孤独感和权利剥夺感，情绪负性体验促动反叛意识，导致他们追求个性张扬，在行为意向上表现出抵触和逆行。可以说，流行文化表现出对社会秩序和正统价值观的"嘲讽、批判和肢解"，强调求新求变，倡导自我表现，使得反传统性的文化诠释成为大学生心理的倾向性特点。

（三）影响综合文化素质的培育

大学生社会化进程是在文化追求和消费中不断推进的，同时，在这个过程中他们自身的文化素质也得以塑造。流行文化有其特定文化定位和追求目标，这些定位和目标直接影响了社会生活中人们的思维方向、表达喜好及审美情趣等文化追求。流行文化具有的特殊消费性使其"成了一种可复制的、唾手可得的东西，是一种平面性的、无深度感的、无深刻含义的东西"①，特别是"泛娱乐化倾向的升温和膨胀，折射出的恰恰是文化原创力的缺失，凸现的是艺术创造力的匮乏，表现的是审美感悟力的滞后"②。由于形态上主要表现为娱乐、游戏和消遣方式，流行文化产品更多地充满了感官享受、情感娱乐和梦想意象，忽略文化的思考性、启迪性及教育性，往往透射出"媚、俗"倾向。它们在自我放松地制造和积累顾客的同时，也为大学生群体社会化进程中出现心灵荒芜、感觉粗糙、意志脆弱、情感迟钝等消极状态孕育了土壤，这种感性崇拜的审美倾向"通过对感性欲望和自由享受的肯定，否定了经典和权威的文化权力"③，对于当代大学生文化素质的培育无疑是一种严重的阻碍。

（四）影响自我发展素质的构建

个体发展是大学生走向社会进程中的核心问题，流行文化亦应对其发展意识及水准的养成有积极作用。在倡导个性化的时代，许多大学生渴望表现自我，引人关注，伴随着流行文化活动中"一炮走红"及"一夜成名"等个案频现，他们追求成名的愿望与梦想快速激发与膨胀起来，常态心理在深度消解中变化。当然，流行文化在世俗化发展中较为深入地拓展了现代文化自由与民主的空间，尤其是一些活动"零门槛"所体现的"起点公平"与"机会均等"，"想唱就唱"和"想乐就乐"的娱乐方式，蕴含的平民意识和尊重民意的新观念，相对于一些高门槛文化活动及过程的"暗箱操作"，也体现了一定的民主性意义。除却违背社会法则的消极因素，这些超越常规、追求平等的成功心理有益地促成大学生构筑起个体发展的新堡垒。他们在参与社会流行文化的进程中，塑造思想，理清目标，并通过聚合力量向社会表达政治理念和利益诉求，寻求个人发展的平台和空间。

---

① 焦国成：《传统伦理及其现代价值》，教育科学出版社 2000 年版，第 123 页。
② 陈先义：《文化自觉：引领大众审美的精神旗帜》，《解放军报》，2011-10-16 (3)。
③ 王梅：《现代流行歌曲流行、发展之思考》，《湖北函授大学学报》，2009 年第 3 期，第 150-151 页。

三、大学生文化的发展策略

面对当前我国社会文化发展及影响的客观实际,大学生文化发展应及时有效地纳入社会整体文化建设的格局,把握大学生的思维方式、认知方式和话语体系,通过文化价值、教育载体、传播技术等要素的全方位整合与提高,有效积聚正能量,在建构和谐文化格局中协调大学生与社会的关系,切实服务大学生社会化发展进程。

(一)立足社会文化本源,挖掘文化育人价值

社会主义文化发展倡导尊重差异、包容多样、百花齐放,但这并不意味着放任自流和各行其是。全球化和一体化趋势使得包括经济、政治、文化以及社会生活各领域与世界的联系都在加强,各民族文化不可避免地被纳入世界一体化范畴,但文化的民族化印记即便是在消费文化中也无法完全泯灭。在文化互动性不断提高的同时,文化在跨越国际的发展潮流中仍要保持民族特色,体现特定的文化特征及价值取向。当前,我国大学生文化的培育要立足高度的文化自觉和文化自信,以社会主义核心价值体系为引领,注重弘扬主旋律,确保文化发展走向健康和科学。一方面,我们要坚持文化为促进大学生全面发展服务的思想,深入发掘其优势和长处,规避社会流行文化中无意义、无根基的形式化倾向,保障大学生在文化价值追求形成中享有真正的自由与独立。另一方面,我们也要着眼于提高民族素质和塑造高尚人格,把握主流文化与非主流文化间的辩证关联,用先进文化占领大学生文化教育的制高点,主动抵制社会文化中一味迎合大众心理的低俗倾向,努力化解其中物质主义、享乐主义等反主流思潮的负面影响,培养大学生理性的文化价值观念,在确立大学生正确行为规范中奠定社会和谐发展的根基。

(二)发展特色文化品牌,确保文化建设方向

文化的产生离不开具体的历史背景和文化语境,具有自身的特殊性。有学者提出,"在流行文化中,在公众参与流行文化活动中,在各种不同的审美情趣和道德观念的交汇和冲撞中,公众的良知,民间对于真善美的追求,也在表达和传播,这也是客观存在的。如果引导得当,公众就有可能在参与中提高自身的伦理能力"。[①] 我们要把握社会主义文化大发展大繁荣的根本原则,树立精品培育意识,着力提升社会热点文化活动的品质,建

---

① 赵修义:《关注流行文化的伦理内涵》,《道德与文明》,2007年第3期,第70页。

设特色鲜明、主题突出、富有创新和教育意义的文化品牌，并不断扩大覆盖面和影响力，促使更多大学生在社会文化洪流中理性认识文化生活与自身成才发展的关系，辩证地批判、接受和发展社会文化。高校校园文化中大量充实着精英文化和主流文化的内容，最能使大学生在文化价值体系构建过程中受到精神陶冶和人格感染。高校要围绕社会核心价值体系的精神内涵，科学建立长效运作的文化品牌建设机制，在不断满足大学生多样化多层次需求、解决发展矛盾和困境中凝练特色、提升层次，为大学生社会化进程创造开放联动的文化环境。

（三）关注网络社会发展，改善网络文化交流

当代互联网技术已成为重要的社会基础设施，网络社会的出现和发展使传统社会生态发生了新变化，就此而言，互联网管理已是社会管理的重要形式之一。从论坛到QQ、博客、微博、微信，网络技术使文化的传播更加广泛和深远，超越国界、跨越时空，极大地改变着大学生的思想行为和交流方式。社会管理创新，离不开"虚拟社会"管理创新，我们要立足现代网络自主、平等、开放、互动等特点，坚持"善待、善用、善管"原则，把握网络传播的基本规律，积极发展一大批具有时代特点、适应大学生身心特点和成长发展需求的网络文化交流阵地。同时，我们还要从占领文化传播制高点和掌握信息化条件下宣传思想文化工作主导权的高度，建立和完善网络文化工作的协调、监督、保障及评价机制。作为文化教育的技术创新，我们要深入研究并充分运用高科技手段传播优秀文化，积极发展中国特色网络信息文化，不断丰富网络传播的新形式和新内容，强化大学生网络道德意识和自律精神，及时校正并减少网络道德失范行为，构建有序的网络文化生态系统和网络精神家园，使网络载体成为传播社会主义先进文化的前沿阵地和促进大学生成长成才、全面发展的服务平台。

（四）建设文化培育机制，构筑协作发展格局

文化软实力概念确立了文化在完善社会管理工作中的地位和作用，同时也要求我们应积极依靠先进文化来加强社会管理、引领社会发展。大学生文化作为全社会文化生态系统的组成部分，它的发展需要多方协作、共同引导、形成合力。文化培育机制的建设要"关注和尊重大学生们的精神需求，从高位回归生活，关切他们成长过程中的困惑和迷茫，为

他们健康精神品质的发展提供保障和引导"①,进而最大限度地减少对抗因素,最直接地维护社会和谐,为社会管理活动创造稳定的发展环境。高校要以开放博大的姿态将各种文化形态中的积极内容引入校本课程,允许课堂主阵地成为文化对话与反思的空间。政府要立足主导地位,把文化建设摆到突出重要的位置,协调与社会相关机构及企事业单位的关系,加强社会文化基础设施建设,完善公共文化服务体系,同时要充分重视文化发展的道德与法制建设,让大学生在文化产业大发展中享有充分的文化权益,这也是为深化高校文化育人工作创造良好的社会环境。

大学生与社会的协调发展是大学生为社会发展服务、社会为大学生发展服务的良性循环。面对富有时代气息的大学生群体,我们要在德育原则和社会规范的指引下,挖掘高校及社会文化的独特育人价值,把握社会教化和个体内化的基本规律,按照"体现时代性、把握规律性、富于创造性、增强实效性"的思路,积极联动道德教育,促进各类优秀文化与大学生的良性互动,进而构筑和谐共融的文化德育体系。

---

① 段哲贤:《流行文化视阈下的大学生思想政治教育模式探析》,《黑龙江教育(高教研究与评估)》,2009年第9期,第40-41页。

第三章 高校德育教育的创新

第一节 高校德育机制的创新

在研究德育动力机制之前，必须对德育与道德，德育与道德教育、思想教育的概念进行辨析，把动力、动力机制与德育动力机制的内涵进行界定，然后对德育动力机制的动力结构，德育动力系统中可能存在的子系统、各子系统的组成元素、系统的功能与功能结构进行探讨，最后进一步研究德育动力机制的基本结构、基本类型以及运作过程与手段。

一、德育动力机制的动力结构

对系统进行结构分析是系统研究的基础。一个复杂系统是由元素和子系统组成的。系统的结构，是指系统各组成元素和子系统之间关联方式的总和。元素是系统和子系统的组成部分，但具有基元性特征，相对于给定的系统它是不能也无须再分的最小的组成部分，元素不具有系统性，不讨论其结构问题。德育是个极为复杂的系统，对德育动力机制系统进行结构分析，既是研究复杂德育动力系统的前提，也对研究者研究的路向具有决定性作用。

（一）德育动力系统的子系统

划分子系统是结构分析的重要内容。一般而言，可以从不同的视角对子系统进行划分。如德育的主体动力系统结构，可以包括教育主体动力结构、受教育主体动力结构、社会主体动力结构、政治主体动力结构等；德育的组织动力系统结构，可以包括政治组织动力结构、经济组织动力结构、文化组织动力结构和社会组织动力结构等；德育的方法动力系统，包括德育研究的方法论系统和德育实践的方法论系统；德育的技术动力系统，包括德育的各种技术手段的使用。当然，德育动力系统是一个极其复杂的系统，根据研究需要，可以从不同方面把德育动力系统划分为不同的子系统，每个子系统又可分为不同的层次。虽然无论从哪个方面划分子系统，在复杂德育系统内部的联系还是交织在一起的，但每一个子系统相对于母系统又具有一定的独立性。

德育动力系统依据不同的划分标准，可以划分为不同的动力系统类型，在不同的动力系统类型之中，其思想内涵可能有重叠性或交叉性。然而，德育动力系统是一个完整的整体，为了更加全面地认识德育动力系统，可以依据动力系统的结构性特征划分为内在动力构造要素、外在动力构造要素和整合动力构造要素所形成的动力系统类型。一是内生动力系统，是指德育内在过程的动力构成要素的结构与功能及其发生作用的动力系统；二是外生动力系统，指的是德育的各种外在动力构造要素的结构与功能及其发生作用的动力系统；三是联动动力系统，指的是德育发展各个过程、各个环节实现良性互动的各种有效协调和整合要素的结构与功能及其发生作用的动力系统。

（二）德育动力子系统的组成元素

每个子系统都是由一定的元素组成的。有些子系统有多个元素组成，有些子系统只有一个元素组成。系统是一个整体，但系统之间、各子系统内部组成元素之间不是孤立的，相反，它们是相互联系、相互作用的有机整体。不同系统之间、各子系统内部组成元素之间的相互作用，在何种规则的控制下发生作用，如何作用，有何规律，这是德育动力机制结构演化的关键，也是探讨德育动力机制的基础。内生动力系统、外生动力系统和联动动力系统，都有各自的组成元素。

各子系统在一定的德育环境条件下彼此之间相互制约、密切联系，共同构成一个不断矛盾运动的德育动力系统，任何一个子系统的变化，都不可避免地对其他子系统产生影响，从而对整个动力系统的效能发挥产生影响。因此，系统、全面地研究德育动力系统中的子系统及其构成要素，明确各子系统及其构成要素是如何作用于德育的，并且揭示其作用规律，对进一步优化德育动力系统结构，促进德育发展具有重要意义。

二、德育动力机制的运作机理

德育动力机制是指在德育动力产生和发展过程中,德育内部要素、外部要素与整合要素之间相互作用的机理与方式,是促进德育良性运行与协调发展的各种构造、功能和条件的总和。

(一) 德育动力机制的基本结构

根据动力机制的一般定义,德育动力机制由外围结构与内核结构两个部分组成。外围结构又包括动力主体、动力传导媒介以及动力受体。

根据需要主体的三个层次,动力主体可以分为个体(微观层次)、群体和集团(中观层次)、国家和社会(宏观层次)。在整个德育活动中,德育主体是贯穿整个德育过程的组织者、参加者,既是德育的出发点,以是德育的目的和归属。具体到德育动力机制中的德育动力主体,还应该进一步的细分。根据主体在德育过程的角色与功能的不同,可以把德育主体分为教育主体、受教育主体、社会主体和政治主体。这四种主体之间的主体性与主体间性的融合,在特定的德育关系与德育实践中存在一种相互理解、相互融通的互动与作用关系,并且各主体之间所发出的动力可以通过一定的媒介互相传递。

动力传导媒介是德育动力从一个动力主体传到另一个动力主体的渠道,也是德育动力积累和递增的主要凭借之一。它能把教育主体、受教育主体、社会主体和政治主体的德育动力整合为一体,成为德育的整体动力。首先,利益是最重要的动力传导媒介。政治主体最经常的是通过利益这一传导媒介,将自身的德育动力化解,传递到教育主体、受教育主体和社会主体等动力主体身上。社会主体、教育主体和受教育主体在政治主体整体规划的德育目标所规定的利益导向下,开展创造性的德育活动,培养道德行为,形成道德习惯,以此满足利益需求。这样,政治主体就把自己的德育动力传导到了其他德育动力主体身上。反过来,其他德育主体形成道德习惯,实践道德行为又使德育计划、目标得以实现,从而使政治主体的利益得到了保证。实际上,所有德育主体的动力通过利益这一传导媒介相互传递而凝聚成为实现德育整体利益的动力集合。其次,文化也是重要的动力传导媒介。因为文化价值观和文化模式通过社会化和内化过程,可以融入主体的人格系统里,必然对动力主体的需求结构、价值观等产生影响并可能发生改变,从而使他们的动力发生变化。最后,信息也是重要的动力传导媒介。因为某一动力主体可以将动力以信息的形式传给另一个动力主体，使之知晓，或认同执行，或反对抵制，或置之不理。教育主体往往也通过丰富多彩的渠道和多种多样的形式，如利用PPT、视频、动漫等多媒体，将德育内容（道德信息）融入其中，把枯燥的道德说教变成潜移默化的道德体验。当然，德育动力通过信息这一传导媒介可以在德育主体间进行相互传递。

动力受体是指德育主体获得需求满足的对象、工具、资源等。需求满足的对象称之为满足物，最简单的划分是物质满足物与精神满足物。任何以物质形式存在的满足物都被称为物质满足物；反之，以非物质形式存在的满足物，如爱、权力、地位、荣誉等称之为精神满足物。工具则是德育主体在满足需求的过程中设计和创造出来的，是动力作用于满足物或为了获得满足物的桥梁。社会资源作为动力受体，在于它可以被改造为某种满足物，或作为工具去获得某种需求的满足物。

德育动力机制的内核结构包括动力源、动力方向、动力贮存体和道德行动四个要素：动力源是指德育主体的内在需求，它产生的动力是原生性动力。动力方向指动力与德育目标一致或相悖，直接关系到动力主体的动力性质和动力机制的性质。不同动力主体的动力贮存体的形式是不同的。教育主体的贮存体就是其教育能力，受教育主体的贮存体就是其接受教育和道德行为的能力，社会主体的贮存体就是团体、集体或群体的凝聚力，政治主体的贮存体就是其政治、经济、文化实力，包括现实生产力、科技水平以及建立在经济基础之上的权力体系和执政能力。道德行动是德育动力的直接表达。各德育主体将自身的动力转化为道德行为，各主体恪尽职守，教育主体、受教育主体践行社会公德、家庭美德和职业道德，社会主体和政治主体遵循政治文明依法执政，促进物质文明、精神文明与政治文明协调发展。

（二）德育动力机制的基本类型

根据动力机制的结构性特征和构造要素，可以将德育动力机制划分为德育内生动力机制、德育外生动力机制以及德育联动动力机制。

德育的内在过程，简言之就是德育主体运用德育理论进行德育实践的过程。德育内生动力机制，是指德育内在过程的动力构成要素之间相互作用的机理与方式。它涉及的是德育的内因,是决定德育能否有实效的关键性要素,主要涉及主体形态及其需要的结构要素。德育内生动力机制是德育形成和发展的内在依据,旨在确保德育的正确方向,增进德育的承继性。

德育外生动力机制是德育的各种外在动力构造要素之间相互作用的机理与方式。它涉及的是德育的外因,是促进理论形态与实践形态双向互动的各种外部要素,包括理论创新机制的动力结构要素和实践创新机制的结构要素。德育外生动力机制是德育形成和发展的外在关系机制,其功能是增添德育改革与创新的活力,促进德育的内化与外化双向互动。

德育联动动力机制是促进德育动力系统实现良性互动的各种整合要素之间相互作用的机理与方式。它涉及的是有效促进德育发展的各种整合要素,包括利益激励机制和适度竞争机制组成的德育动力加速机制,动力协调机制、动力保障机制和政策导向机制组成的德育动力缓冲机制。德育联动动力机制是德育形成和发展的整合要素,实质上是一种整合性、衔接性的动力机制,其功能是实现工具理性与价值理性辩证统一,保证动力机制为德育提供适度动力。

三、高校德育内生动力机制

(一)德育内生动力机制的结构要素

1. 教育主体动力结构要素

一般而言,专门从事德育的教育主体包括日常思想教育管理人员(辅导员、班主任、党团组织管理人员等)和思想政治品德课教学人员(理论课教师)等。如果从全员育人的角度,学校里从事教育、管理和服务的所有人员都有德育的功能。教育主体不是道德律令的传声筒,而是具体主体性的教育主体。对教育主体而言,德育不但是一种利益驱动,更为重要的是它内含教育主体的一种发展需要、道德理想和事业追求。

首先,德育是一种利益驱动。这种利益驱动表现在两个方面:一方面德育是教育主体的职业,做好德育工作,是教育主体的职责。做得好,可以获得职业的发展;做不好,有可能丢饭碗。另一方面,德育工作也是教育主体获得职业尊严的追求。因为社会上很多人对德育教育主体有很多质疑的眼光,既包括对教育主体德性的质疑,也包括对教育主体能力的质疑，更包括对德育本身的质疑。教育主体在面对这种质疑时只有在实际工作中来证明自己能行，这就是德育功能属性的发挥，即德育能够以自己的有效活动，使德育对象接受社会对德育的要求，从而确证德育的价值。

其次，德育是教育主体的一种发展需要。德育不但是为了满足社会需要和受教育主体的需要，还是为了满足教育主体自身的内在需要。教育主体本身也是人，也需要不断地发展。教育的本质是育人先育己。在德育过程中，教育主体不但教育了学生，同时也教育了自己，通过德育弘扬了自己"人类灵魂工程师"的神圣职责、神圣使命以及高尚人格，促进自我生命的"新的精神能量的生成"。

再次，德育还包含教育主体自己的道德理想。教育主体是一个独立的"人"，实际上，整个德育活动过程都是在教育主体的道德理想和追求主导下进行的。可见，教育主体不只是社会或某个政治集团的道德代言人和灌输者，德育还包含教育主体自己的道德理想。从这个意义上，德育主体在整个德育活动中，融入了充分体现自我意志的道德理想和道德信念，从而使学校德育成为道德主体自愿为之，并倾注了满腔热情的教育与自我教育活动。

最后，德育还内含教育主体的一种事业追求。教育除了鲜明的社会性之外，还有鲜明的生命性。人的生命是教育的基石，生命是教育学思考的原点。在一定意义上，教育是直面人的生命、通过人的生命、为了人的生命质量的提高而进行的社会活动，德育尤为如此，也本应如此。所以，德育是最具有生命性的教育，也是最体现生命关怀的一种事业，是教育主体对"提升人的生命价值和创造人的精神生命的意义"的一种事业追求。

2. 受教育主体动力结构要素

受教育主体是指接受德育的人。从受教育主体的基本要素构成来看，主要包括受教育主体四个方面的需要，即物质利益、社会化、精神成人和追求高尚。这四项基本要素既在横向上存在着相互作用、相互促进的张力关系，又在纵向上存在着一条由表及里、层次递进的结构链条。

人作为一个生命体，首先是一个自然存在物，人直接是自然存在物，而且作为有生命的自然存在物。全人类历史的第一个前提无疑是有生命的个人存在。因此，第一个需要确认的事实就是这些个人的肉体组织以及由此产生的个人对其他自然的关系。对物质利益的追求，是受教育主体产生德育需要的原动力。物质需要是人存在的前提和条件。人的需要分为生存需要、享受需要和发展需要三个层次，首先就需要基本的物质需求，这是一切人类生存的第一个前提，也就是一切历史的第一个前提。物质需要是人类为了生存和发展而对客观物质条件的必然要求。满足了"饥有所食，渴有所饮，寒有所衣，病有所治"的生理需要，其他需要才会产生。作为物质需要的主体的具体生存的现实的"人"，生活在某种社会形式中必然有物质需要的诉求。

3. 社会主体动力结构要素

在德育内生性动力机制的主体结构中，社会主体也是一个重要的德育主体。从社会主体的基本动力要素构成来看，主要包括社会主体三个方面的需要，即社会秩序维护、道德传承和实现社会理想。这三项基本动力要素，社会秩序维护是基本要求，道德传承是核心，实现社会理想是目标。

教育产生于社会生活的需要。就社会的实际来看，维系秩序既需要强制，也需要教育。社会主体不能把社会秩序的规范运行完全寄托于个体的自觉性上，因为看不到人有惰性的一面，把事情的成功仅仅诉诸人的自觉性，片面夸大思想教育的作用，可能导致"精神万能"。从功能的角度和满足社会生活需要的角度说，秩序价值，是德育最基本的价值之一。德育产生于社会秩序的需要。换言之，社会秩序的维护需要德育。通过德育，社会主体可以通过行为规范、道德观念和价值判断等有效地支配和约束每一社会个体的行为，让人们理解遵守秩序的重要意义与违背秩序的严重后果，从而遵守和维护秩序。这也是德育职能的具体体现。可见，德育作为社会规则的传承载体，对"应该如何生活的暗示和潜移默化"确保了社会秩序的维护，为人的生活提供了基本条件。

（二）德育内生动力机制的功能分析

德育之所以经久不衰，关键就在于有一整套较为完善的动力机制，而在诸多的动力机制中，居于核心和关键地位的是德育内生动力机制。

1. 德育内生动力机制是德育存在和发展的内在关系机制

事物的发展主要是内因（即事物内部的矛盾性）决定的。德育内生动力机制，从其根本性质上来讲，它指的是在人类现实生活德育需要的动力构成要素中，一切源自德育主体的德性需要基础上的追求德育需要的内在过程的各种内在的动力构成要素所组成的有机体系。这些构成要素决定着德育的内在本质，无疑是德育存在的根本原因，是德育发展变化的内在依据，是德育发展变化的主导因素，即内因。如果说内因是事物发展变化的内在依据和根本原因，体现的是事物的内在矛盾关系，那么，德育内生动力机制实质上就是德育这一事物的内在关系机制。总的说来，这一内部关系机制体现在四个方面：对教育主体而言，德育不但是一种利益驱动，更为重要的是它内含教育主体的一种发展需要、道德理想和事业追求。受教育主体的物质利益、社会化、精神化和追求高尚这四个方面的需要是德育动力结构要素。社会主体三个方面的需要，即社会秩序维护、道德传承和实现和谐社会理想是其德育动力结构要素。政治主体的基本动力要素主要包括维护阶级利益、灌输意识形态、保障政治稳定和实现最高理想等四个方面。

2. 德育内生动力机制确保德育的正确方向

在德育理念上，过分偏重德育的社会价值，只强调德育的社会功能，而忽视德育的个体功能，这种德育价值倾向的片面性，忽视了德育对人的生命价值、成长需要的真正意义，必然歪曲了德育的本质，导致了只见"社会"不见"人"的"无人化"德育现象，造成德育与学生成长和发展的严重疏离，结果是德育效果长期低迷，德育的社会价值也不能得到真正的体现。计算机网络的普及也给传统的德育工作带来了冲击，由于缺少治理网络环境的经验和措施，严重制约了德育工作的影响力，难以形成良好的育人环境。

四、高校德育动力机制的构建

（一）德育动力机制构建的目的

德育动力机制构建的根本目的是实现德育的终极价值——"把人实现为人"。其直接目的就是要把德育动力最大限度地激发出来，并且形成适度的合动力，使之成为推动德育的持续的、稳定的力量。

1. 德育异化与人的异化的双向扬弃

德育异化是德育动力缺失的重要原因。因为异化的德育不再是人们所需要的德育，而变成一种约束人、限制人的异己力量。德育异化主要表现在以下几个方面：一是当前德育的异化。由于应试教育影响，一切德育活动以高考升学为转移，德育塑造人、完善人的功能被严重弱化，普遍存在重分数轻德育现象，德育畸形发展。二是大学德育的异化。在道德相对主义、欲望主义与工具理性主义的合力作用下背离了大学精神和教化本性，持守价值中立、娱乐化和工具化的立场，导致了自身的异化。其结果是，以促进大学生德性成长为目标的大学德育却导致了学生人性的迷失和堕落，这是对大学生的发展不负责，也诱发了大学德育自身的生存危机。

德育异化在本质上就是人的异化。德育异化最根本的体现就是漠视人和生命的存在，对人和生命尊严的深层蔑视。而异化的德育培养出来的学生必然是人格有缺陷的，对人和生命本身缺乏同情、怜爱、关怀、呵护与尊敬的麻木、冷漠、无情的人。这样的人，必定是异化了的人。德育一旦异化，在某种程度上存在着忘却德育的真正对象和真正目的，就会漠视人的尊严、压抑人的自主、忽视生命的体验、曲解生命的意义，收获的是生命贫乏、缺乏活力、遗忘生命意义的学生。这是与德育的本质背道而驰的。

在根本意义上，德育指向的是人的精神世界和意义世界的构建，它的任务是通过人的塑造，提升人、发展人，使人超越现实的物欲满足，超越生命自身的时空限制，获得精神的提升，从而得到人生幸福和存在的意义。因此，构建德育动力机制的首要目的和任务就是要防止、抵制、避免德育与人的双重异化。

2. 人的全面发展与德育文化的双向互促

"人的全面发展"的概念，即人应该不断地追求自身的完善。人不仅是认识主体和实践主体，也是价值主体。德育就必须以这个现实的人为根本的出发点和归宿。而人的根本需要则是解放、自由和全面发展的需要，因此，从德育的终极意义或德育的最终本质来说，它要促进人的自由而全面发展。

德育的原点和归宿应该是人的自由而全面发展。这种追求人的自由而全面的价值取向，不仅是由人之为人的内在本质决定的，也是人之存在要求的应有之义。所以，作为促进德育发展的德育动力机制也要围绕"人的自由而全面发展"这一原点和归宿展开。而且，德育动力机制促进人的自由而全面发展应该是一种对人的整体性发展和每一个人都自由而全面发展的促进，因为全面发展的人，不仅其物质力量要素要有充分的发展，而且其观念意识也应当全面完善。他将是一个能使个人诸种特性全面生成，并不断地改变自身支配客体世界的方式、手段，同时又能内化社会多种理论的整体性发展的人。并且，真正的人的发展不是一部分人发展和另一部分人不发展，而是人人都自由而全面发展，因为"一个人的发展取决于和他直接或间接进行交往的其他一切人的发展"。

对人的自由而全面发展的追求，实际上也是德育动力机制构建的一种终极价值取向。德育和德育动力机制的各个构成要素都是围绕着"人的自由而全面发展"这一最高价值追求展开的。因此，德育动力机制构建要实现对人的自由而全面发展的促进，就要注重人文关怀，各种机制及其构造要素都要围绕解放和释放人的精神创造力，提升人的主体性和精神境界这一主旨，使人自觉人之责任，使人获得的正确政治方向奠定在理性文化的信仰基础上，通过文化自觉实现政治上的坚定。

（二）德育动力机制构建的基础

德育动力机制构建的基础，是关系到德育动力机制是否稳固、能否真正发挥它应有的功能的重要基石。

1. 尊重人的存在和主体性

德育作为"把人实现为人"的一项育人活动，尊重人、提升人、发展人、丰富人、完善人应当成为德育的出发点和价值旨归。而这种人本价值旨归，应当充满对人自身的尊重、对自由和幸福的追求，蕴含深厚的人文精神和终极关怀。从这个意义上，德育必须与人的幸福联系起来，与人的自由联系起来，与人的尊严联系起来，与人的终极价值联系起来，使教育真正成为人的教育，而不是机器的教育。使教育不只是人获得生存技能的一种手段，还能成为提升人的需要层次、丰富人的精神世界的一种途径。

主体性已成为当今我国哲学社会科学领域的一面旗帜、一个纲领和一个口号。主体性，就是道德活动的主体所具有的完善自身、完善他人和完善社会的能动性。从这种意义上，德育动力机制构建的基础首先要尊重人的存在和主体性。对德育进行主体性建构，必须按照人的方式，把人实现为人。所谓"人的方式"，就是"人以一种全面的方式，也就是说，作为一个完整的人，占有自己的全面的本质"。具体来说，所谓按照"人的方式"就是按照人之为人、人成为人的经济的、政治的、思想文化的条件和根据，让人之为人的自主本性得以自我创生、自我呈现的过程。所谓按照人的方式把人实现为人，就是这个意思。而主体性理论为德育的主体性建构提供了理论指导和可能路径。

2. 导引终极关怀

终极关怀是德育的终极目标和价值。德育的最终目的是表现人的生存与发展内在要求的自由、和谐、全面发展并由此产生幸福感。终极关怀是最根本的关怀。"人本"，就是以人的幸福为本。从这个意义上说，人的终极关怀，就是使人得到幸福。亦即所有的教育主体，无论是教育者，还是受教育者，都应该通过德育获得幸福的终极关怀。因此，获得个体幸福是德育的应然追求，德育不能背离"幸福"这一价值旨趣。然而，种种德育实践行为所导致的"人"的迷失，往往使德育深陷于有悖个体幸福的重重矛盾之中。事实上，不管德育以何种形式和程度使"人"迷失，归结到一点上都是对"人"的挤压，它压制了受教育者，也扭曲了教育者本身。因此，德育应回归幸福的本真，把幸福还给人。

从这个意义上，在德育中，不但要对教育主体施以现实关怀，更要给予终极关怀。现实关怀是低层次的需求，终极关怀才是价值追求、自我实现、全面发展的高层次精神需求。

（三）德育动力机制构建的路径

德育动力机制通过制度化的运作，为德育提供适度的动力，推动德育发展，实现德育价值，满足德育主体利益需要。从德育动力机制运作机理看，其主要包括四个方面的要素：主体、利益、价值和制度。

1. 主体维度的建构路径

从德育动力机制的性质和实现途径看，全员参与是德育理念的核心价值所在，是德育动力机制的应然取向和现实诉求。

全员参与是整体德育合力育人观，它的核心思想是人人都是德育主体。对于德育动力机制而言，人人都可以是德育动力的主体，也是德育动力机制的主体。这既是教育本身意义的要求，也是当代教育发展的内在需求。德育工作不是德育工作者的专属领域，其他主体，包括专业课教师、学校各职能部门、后勤服务人员、学生组织、政治主体和社会主体都含有丰富的德育动力要素，对德育动力机制的建构和运作都会产生一定的影响。

因为各门课程、各个部门、各种服务载体、各类组织、团体里的人都具有德育资源和德育功能，其思想、道德、品质和人格都会给学生以潜移默化的影响。所以，德育动力机制需要全员参与，把德育工作渗透到各个工作环节和各项日常管理中去，构建各部门齐抓共管、各育人环节紧密配合、全员参与的"全员育人、全方位育人、全过程育人"的德育工作格局，形成全校上下共同推进的强大合力。从这个意义上，全员参与是德育动力机制的应然取向和现实诉求。德育动力机制的主体应该是一种由教育主体、受教育主体、社会主体和政治主体组成的多层次的、全员参与式的德育动力主体。

基于目前教育者和受教育者的主体性地位不够凸显的现状，德育动力机制的主体建构重点应放在教育主体和受教育主体的主体性建构上。

2. 利益维度的建构路径

利益是德育动力产生的原动力。因此，构建德育动力机制，首先要考虑利益驱动。利益驱动是德育动力机制实现张力作用的手段之一。对于德育内生动力机制而言，一切主体的利益追求都可以是德育内生动力机制的内在动力构造的源泉。

对教育主体而言，德育的利益驱动表现在两个方面：一方面，德育是教育主体的职业，为了不丢饭碗，要做好德育工作；另一方面，德育也是教育主体，只有在实际工作中证明自己的价值才能获得职业尊严。

对受教育主体而言，物质利益，是受教育主体德育动力产生的物质基础，而对物质利益的追求，享受精神愉悦、实现完美自我是受教育主体产生德育需要的内在动因。在德育过程中如果能够充分肯定和彰显个体利益和个体发展，必然会提高个体内化德育内容、养成道德行为的热情，提升道德成长的动力，最终提高德育的实效性。

对政治主体来说，其利益就是巩固统治秩序和维护统治阶级的利益。政治主体有意识地利用德育（教化）的手段来灌输主流意识形态，培育政治品质，实现自己的意志和目的，巩固阶级统治秩序，维护阶级利益。

对社会主体而言，其利益就是维护社会秩序和实现集体的最大利益。道德作为一种调节社会关系的规范，是一种维护社会稳定的手段。社会主体通过德育引导学生在追求自身利益满足与个性发展的同时，也应当遵循相应的道德原则和社会规范。

3. 制度维度的建构路径

德育动力机制除了有主体参与、利益驱动和价值引领外，还必须有制度予以保障。因为"制度文化是精神文化的载体，制度文化赋予物质文化以生命和活力"。当前的德育正处于实效性低下的困境当中，而导致这一困境在很大程度上有制度方面的原因。因为我们的学校德育在制度方面有欠缺，存在德育建设制度不完善、不合理、缺乏人道精神等问题。而要改变这种现状以提高学校德育的实效性，加强学校德育制度建设是一项有力的举措。

加强德育制度的有效性和德性，有两点是必须做好的：一是社会制度本身要体现公平和正义，从而形成良好的社会道德风气；二是学校德育不能回避对于道德制度本身的德性考察，应该正视并弥补制度缺陷，不断去完善自身的道德规范和制度体系，通过道德的制度来教育人、鼓舞人。所以，德育动力机制的制度建设是非常重要的一环。因为各主体在利益驱动和价值引领的前提下参与德育活动，利益诉求各异，价值观念也各不相同，单靠自觉自律是不行的，还要对德育主体之间关系及其调整规则进行合理确定。这不仅有利于更好地规范个人行为、管理行为和政治行为，提高德育的质量和调整力度，也有利于贯彻以人为主体、理解与尊重主体的合法权益与合理要求的德育理念，也是完善德育动力机制，促进德育动力机制的科学化、法治化的重要环节。德育制度是一个非常复杂的体系，制度体系的建构也是一项系统工程，而就德育动力机制的制度机制构建而言，主要可以从政府与学校的关系、教师与学生的关系构建两个维度对德育制度予以完善。

第二节 高校德育理念的创新

一、协同理论和公民教育概念

（一）协同理论

协同理论是一个适合自然科学与社会科学的观念，探究开放体系和外部世界，由物质或者能量的交换作为前提，怎样运用内部因素来相互作用，并且与自身素质互相结合，进一步展现时间、空间以及功能上的稳定有序的结构，获得全新的整体放大效应。

协同理论主要认为自然世界是由很多子系统构成的一个纷繁复杂的真人共同系统。协同理论的主要思想是协同造成有序，就是外部世界力量对体系中的各种因素的影响达到一定程度的时候，很多子系统在互相作用，体系中每个要素之间会出现耦合的状态，让体系从无序状态变为稳定有序状态。协同理论将看似毫不相关的子系统出现的共同情况抽象出来，展示其类似性，比较由无序到有序的情况，探究所发生的规律，构建一种用统一观点去处理复杂系统的理念和方法，包含多种科目相互融合和相通的原理。

（二）公民教育

公民教育是目前我国现代化面向社会公民所进行的适合于生活的普遍教育，主要是培养符合现阶段社会与国家需求的合格公民，是高校教育的主要组成部分。高校公民教育主要是培养学生的公民意识、行为、责任以及义务和公民的国家认可感。完成培养合格公民的任务，应该根据公民教育和高校德育教育结合研究，建立完整的教学系统，进行多要素、多层次和多环节的有效结合，建立公民教育共同体，形成更为强大的教育合力。

二、高校德育教育和公民教育在协同理论视角下的共性和个性

学校德育教育是运用各种法对学生进行思想政治教育，让学生养成道德自觉的教育活动。在协同理论指导下，高校德育和公民教育不仅有共同性质，而且有一定的区别。

（一）学校德育和公民教育的共同之处

第一，教育对象相同。大学生是高校德育与公民德育的教育的对象，是我国未来的希望与栋梁。这两者主要是以人为主体，运用人的感知与认识，让教育产生效果，然后主要强调培养全面发展的人才，将现阶段人才的培养当作教育的起点和终点。

第二，教育目标的统一。在协同理论背景下，学校德育教育主要运用思想教育、政治教育、道德教育以及法纪教育等帮助学生形成正确的世界观、人生观以及价值观，让学生成为能够为祖国发展贡献力量的栋梁之材，这一点和公民教育培养合格公民这个具体目标不谋而合。把公民教育与高校德育教育进行有机结合，让德育教育的目标更好地实现，让

学校德育教育有效地实施，还会让学生变成合格的现代公民。

第三，公民教育的进行能让德育教育完成创新。党的十九大报告提出三个"新"，就是新时代、新时代中国特色社会主义思想与全国建设社会主义现代化国家新征程。其中创新与教育是新征程的主要组成部分。学校德育教育的创新不是简单的研究方法的创新，将全面了解高校公民的特征与实际作为基础，紧紧围绕新时代条件与实践的要求，通过协同创新理念，探究学校的教育观念、内容、方法以及课程建设。运用一些组织结构形式，在学校德育教育实施中始终贯彻党的方针政策，探究公民教育运行制度，让学生逐渐接受公民教育，养成正确的公民意识，养成更好的公民行为与公民能力，从而变成德智体美劳全方位发展的社会主义建设者与接班人。

（二）学校德育和公民教育的个性

第一，理论基础不同。高校德育教育属于社会意识形态，主要以马克思列宁主义、毛泽东思想、邓小平理论、"三个代表"重要思想以及科学发展观、习近平新时代中国特色社会主义思想为指导，将培养有理想、有道德、有文化、有纪律四有新人作为目标。

公民教育主要和现代化国家相伴而生，目前我国最根本的关系是公民和国家之间的关系。应该稳固树立国家意识、公民意识、民族共同体意识，让每个民族、每个公民能够积极为实现中华民族伟大复兴而努力奋斗。我们的国家是以民族为基础单位确立的，为了确保国家和民族的利益不受侵犯，增强个体对公民、对国家和社会的归属感与责任感，彰显对国家的认可、保护与忠诚，这是目前公民教育的基本价值取向，也是我国公民教育的理论基础。

第二，处理的问题不同。高校德育是指经过全面而系统的教育，帮助学生形成正确的"三观"。公民教育的价值观念可以更好地概括为：培养其所属成员具有忠诚地履行公民权利和义务的品格与能力等的教育。目的是培养公民的爱国心、公德心以及权利和义务的意识。

第三，教育的侧重点不同。我国教育更侧重于每个人完善自身的人格，将个体功能作为主体。高等教育人员应该根据高等教育的要求，有目的、有计划和有组织地对学生进行理想信念的教育，民族精神、思想品质教育和"三观"的教育，寻求更高的理论素质、崇高的思想境界与高尚的道德情操。

三、协同理论视角下高校德育创新途径

创新德育方法已成为新形势下高校德育工作的重要内容，但德育方法的创新不是一蹴而就的，也不是一劳永逸的，而是一个"认识——实践——再认识——再实践"的无限循环发展的过程。在这一发展过程中，关键是要实现以下四个转变，以不断引领和促进德育方法创新。

（一）建立德育民主性，使德育方法由单向灌输向平等交流转变

人是教育的中心，同时也是教育的目标，一切教育都应该以"人"为本，这是现代教育的基本价值。高校教学活动的主体是学生，德育的主体也应该是学生，因而必须以"学生"为本。但是长期以来，我们忽视了学生的主体地位，把他们简单地当成教育对象，"灌输"现成结论与传授道德知识，只注重对他们进行观念的说教、规范的灌输、行为的约束，施加的往往是口号式的令人可望而不可即的教育条目，整个德育过程忽略了学生的主观能动性，忽略了人与人之间的情感交流，把人视为填充各种美德与高尚品格的袋子。这样的一种道德教育其实效性必然大打折扣。因而，在德育工作中，教师不应再是以道德教育的权威者的身份出现，而应是一位顾问，一位帮助学生发现问题的引导者，一位讨论问题的参与者。让学生真正认识到自己是个人道德生活的主体，并以一种积极进取、自觉成长的生活观，与教师互相探讨、共同思考，学会道德判断和道德选择。

（二）实施德育个性化，使德育方法由模式教育向个性张扬转变

德育个性化旨在培养个性充分发展的、人格健全独立的、会做人、会做事、懂生活、精工作的社会公民。实施德育个性化要求教师在德育过程中尊重学生主体个性，注重个性化人格的培养，帮助学生发展优良的个性品质，抑制和克服不良的个性和特点，使学生的道德素质得到和谐健康的发展。反思以往学校德育针对性、实效性差的一个主要原因就在于我们的德育以培育"听话的好学生""模式化的人"为目标，忽视学生的个性发展，忽视人的千姿百态的差异，忽视良好的个性心理品质的培养。这种模式教育把学生定位于自觉的、机械的"听话人"，既无视学生的兴趣、爱好，与现实生活脱离，又禁锢了学生的

思想,压制了学生的自主性和创造性。因此,创新德育方法,要求我们要学会尊重学生的人格和意愿,给学生一个选择的余地,在常规教育的同时,引导学生对学习内容、学习方法进行选择,对冲突的价值取向做出自己正确的判断,保护学生个性发展的权利。

(三)培养德育自觉性,使德育方法由他律向自律转变

大学生良好人格和道德习惯的养成,既有赖于严格的要求和纪律约束,更有赖于学生自身对道德理想的追求和坚持不懈地自律慎独。培养德育自觉性就是使学生形成自觉树立道德目标,主动提高道德能力的主体意识,使学生的道德素质得到全面和谐、充分自由的发展。就目前我国学校德育而言,由于施教者要完成规定教学任务以及受传统教育观念的束缚,在方法上,惯用的是说服教育、批评指正、品德评价等,这些教育方法多少都带有强制意味。这些强制性的"灌输"容易引起学生的反感,产生抵触心理,导致德育他律功能的弱化和消解。"道德的基础是人类精神的自律",走出德育他律困境的出路是德育自律。德育自觉性就是要改变德育他律的强制性、约束性为德育自律的内控性、自主性,突出理性说服,关注爱的施予,重视隐性课程的教育,实现他律向自律的过渡。

(四)落实德育实践性,使德育方法由封闭式向开放式转变

道德品质的形成动力来源于新的道德需要,新的道德需要产生于具体的生活实践,脱离了生活实践,学生的道德需要就会枯竭。在长期的计划经济模式的影响下,学校德育工作一直处于自我封闭的状态。学校的德育工作总是把学生束缚在校园里,禁锢在课堂上和书本中,让学生不加思考地接受既定的政治思想和价值观念。这种德育方法脱离了丰富的社会生活实际,不给学生创造自己认识社会、自己判断思考的机会。这种闭锁性的德育方法不利于学生形成科学的世界观、人生观、价值观。因此,在改革开放与社会主义市场经济的新形势下,德育观念必须更新,德育方法必须改革。

总而言之,德育是教育的重要组成部分,不管在任何历史时期,在任何地方德育都发挥着重要的作用。抓好学校德育工作,是教育工作者义不容辞的责任,是培养社会主义新人的需要。让我们共同携手,把学校的德育工作落到实处,让德育工作发挥更大的作用。

四、高校德育内容创新

现代德育包括政治教育、思想教育、道德教育、法纪教育和心理教育等内容。内容的创新主要体现为思想政治教育与人才成长教育的统一、思想政治教育与人文精神培育的统一、思想政治教育与学生个性发展的统一、主旋律教育与审美观教育的统一。这就要求高校德育要与时俱进，要注重教育内容的科学性与伦理性、政治性与历史性、民族性与世界性的有机结合，培养学生的诚信意识、效率意识、合作意识、竞争意识和创新意识等，从而帮助学生树立正确的道德观、人生观、价值观和世界观。

（一）德育内容与建设社会主义核心价值体系相适应

社会主义核心价值体系作为意识形态的精神产品，对于提高人们的思想水平、精神境界、道德情操以及人格的完善和主体性的提升都有着重大的促进意义。

1. 引导学生树立正确的世界观和方法论

中国特色社会主义理论体系充满了唯物论和辩证法，是大学生树立正确的立场、观点和方法的有力的思想武器。当代大学生认知方式偏重直观化。直观式认知方式是认识主体在认识客观世界过程中的一种非理性因素的作用，这种非理性的认识很可能导致认识主体对事物的片面认识，陷入盲目性。另外，当代大学生个体意识也日益强烈，他们在认知、意志、情感等方面更注重自己意识的独立性，不人云亦云，随波逐流，然而个体意识的负强化会带来对事物分析判断以及实践中的偏执。大学生的思想特点充分印证了必须加强对大学生的马克思主义立场、观点、方法教育，以提高他们分析问题和解决问题的能力。

2. 培养学生的民族精神和时代精神

以爱国主义为核心的民族精神和以改革创新为核心的时代精神，是社会主义核心价值体系的精髓，也是我们开展思想政治教育的重要内容。对民族精神的教育要系统地而不是零散地、全面地而不是片面地、连续地而不是间断地开展鲜活、生动、深刻的教育，使大学生从中汲取营养，培养民族自豪感和自信心。同时，培养大学生以改革创新为核心的时代精神，不断培养创新的优秀品格。创新不仅是一种思维和能力的表征，同时也蕴含了世界观、方法论和思想品德。将创新纳入德育内容体系本身就是一个创新，鼓励大学生在坚定中国特色社会主义理想信念的基础上，主动学习、处理和运用新知识、新信息，尤其是要瞄准那些富于时代特征、代表历史发展趋势、具有强大生命力的事物，努力使思想与时代发展同步，从而在不断创新过程中历练大学生的时代精神。

3. 教育学生树立以社会主义荣辱观为主要内容的社会主义道德观

社会主义荣辱观是社会主义核心价值体系的道德基础。社会主义荣辱观作为社会主义核心价值体系的重要组成部分，体现了社会主义的价值导向，同时也规定了社会道德行为的价值标准与评价尺度。高校要切实把社会主义荣辱观教育作为学生思想道德建设的重要内容。这里要培养大学生两种意识：一是培养道德责任意识。道德责任体现社会性和个体性两个层面。道德责任的社会性即是道德主体的道德品行要对整个社会负责，以自身高尚的德行换得他人的快乐和社会的和谐；道德责任的个体性即是道德主体个人对自身负责，这是完善人性、提升人格、追求幸福的需要。二是培养道德自律意识。道德自律的特征是道德主体将外在约束转换成主体自身的意志约束，使主体为自己立法，自觉践行社会的道德要求。三是培养道德践行意识。社会主义荣辱观本身是一种道德价值形态，它是人们以荣辱评价的方式进行社会调节的规范手段和人自我完善的一种实践精神。为培养这三种意识，教育教学活动要针对学生的思想特点，注重内容与形式的统一、理论与实践的统一，有效发挥课堂教学的主阵地、主渠道作用，引导大学生在实践中身体力行，将荣辱观的道理外化为高尚的行为，并养成一种良好的行为习惯，做到他律向自律的转化。

（二）德育内容创新应与德育工作的实际相适应

随着社会的发展，经济和社会的变革，高校德育的内容必须随着时代的发展而不断地推陈出新。首先，高校德育的内容要增加科技知识含量。在知识经济时代，现代科学技术知识的普及和应用可以与德育相辅相成，有效地增强德育的现代化与科学化，帮助学生远离各种愚昧，树立辩证唯物主义世界观。其次，高校德育的内容也要解放思想，实事求是。对于外来文化与道德，要敢于取其精华，去其糟粕，为我所用。同时，对于我国传统的道德与文化，也要敢于推陈出新，不断进行完善和补充。高校德育内容只有与时俱进，体现时代特征，才能收到理想的效果。再次，高校德育内容要从大学生的思想实际出发，避免空泛的道德说教，应针对现代学生的思想特征、情感和行为特征，紧密联系国际环境和国内改革开放的实际，讲实话，讲心里话，既以理服人，又以情感人。

1. 重视文化素质教育

文化不仅是社会伦理的构成要素和支撑杠杆，而且是社会道德的构成要素和支撑杠杆。高层次的道德感和社会责任感主要依靠文化的积淀。文化是一种精神富有，是一种从内心深处流淌的思想，是人必不可少的基本素质。没有坚实的文化积累、开阔的文化视野、深厚的文化素养，即使足够聪明，也不是大智慧，也成不了大器。道德需要文化的滋养，教育需要文化的烘托。因此，要按照全面推进素质教育要求，确立文化素质的基础地位，将文化素质教育思想落实到人才培养的全过程，促进科学教育与人文教育的融合，使大学生获得整体全面的发展。

2. 重视创新精神教育

高校是培养高素质人才的摇篮，也是知识创新的重要基地。重视和培养大学生的创新精神和创新能力，开展创新活动，对全面推进素质教育和科教兴国战略，具有重要的现实意义和深远的历史意义。首先，创新教育是贯彻党的教育方针，培养高科技人才的需要。高校要把培养大学生的创新意识、创新精神和创新能力作为自己重要的工作目标，为培养创新人才提供更为宽松的成长环境。其次，创新教育是迎接知识经济和新科技革命的需要。发展知识经济，推动新科技革命的迅速发展，就必须依靠科技创新，依靠创新人才，这一时代任务必然落在创新教育的肩上。知识经济呼唤创新教育，已成为世界各国发展经济的战略共识。再次，实施创新教育是全面推进素质教育的重要突破口。通过创新教育活动，发展和培养学生的创造性思维能力、科学能力、实践能力以及自主学习的品质、创新开拓的意识等素质，是促使应试教育向素质教育转轨的重要举措。

3. 重视竞争意识教育

在社会主义市场经济条件下，竞争已渗透到社会生活的各个领域，高校的大学生们也面临各种竞争问题，如何以正确的竞争意识参与到激烈的竞争中，实现竞争对社会有利的一面，同时规避竞争带来的不利方面，维持整个校园乃至社会的和谐和进步是一个不容忽视的问题。因此，大学生要正确认识竞争、树立正确的竞争意识。

4. 重视心理健康教育

社会发展，竞争加剧，大学生心理问题日益突出。心理健康教育应侧重于学生的客观的自我评价、良好的情绪调控能力、坚强的意志品质、积极进取的人生态度、健全的人格特征、和谐相处的交往能力以及良好的心理调适能力和社会适应能力。要根据大学生身心发展特点和教育规律，注重培养学生的自尊、自爱、自律、自强的优良品格，增强克服困难、经受考验、承受挫折的能力。要制订心理健康教育计划，确定教育内容方法，建立健全专门机构，积极开展心理健康教育和心理咨询辅导，引导大学生健康成长。

第三节 高校德育管理的创新

一、高校传统德育工作的困境

（一）高校学生对传统德育方式的接受程度降低

高校传统的德育方式以课堂教学为主渠道，授课内容较为单一，授课方法多为单向的道德知识的灌输，忽略了培养学生的道德情感实践能力，也忽略了大学生的个体特性。而道德教育的目的是为了挖掘历史时代背景对人性发展的需求以及掌握个体的发展规律特别是道德规律，最终实现人的全面发展，在传统课堂教学的德育方式中单向对学生进行道德知识传输，缺乏对学生审辩式思维能力的培养，违背了德育目的的本质。随着互联网技术的不断发展，多元化的网络信息以新媒体等传播媒介充斥到大学生学习生活的方方面面。大学生群体利用QQ、微博、微信、各类客户端等来获取最新资讯、聊天交友、休闲娱乐。大学生习惯了在网络上获取信息，多方对话，表达情感，而传统的德育方式没有利用好新媒体这个媒介，忽视了学生的内在需求，缺少了让学生通过新媒体渠道进行自我教育和互动分享的学习渠道。大学生对传统德育方式的接受程度降低，高校德育过程不再完整，出现了缺失。

（二）高校道德教育内容存在滞后性

在当前的互联网发展背景下，作为德育客体的大学生能够通过新媒体渠道获取丰富的信息，在网络信息的冲击下，大学生容易出现精神娱乐化、价值观选择多元化等倾向，在新媒体平台浏览信息时，大学生更热衷于关注明星、游戏等娱乐信息，对政治新闻、社会发展时事等蕴含主流价值观的事件缺乏关注。在多元价值观信息的冲突下，大学生在对社会热点事件讨论发声时，无法保持明确的立场和态度，甚至选择错误的价值取向。新媒体的发展将会对当代大学生的价值观念、思维方式带来更深层次的影响，如何提高学生对多元信息的道德鉴别能力成为高校德育的一个重要内容。在互联网语境下，高校现有的德育内容表现为传统道德观念的传输与德育实践的程式演练，呈现出静态和被动化的明显特征，存在滞后性，缺乏说服力。新媒体技术的广泛使用延伸了传统道德教育的内容，丰富了道德实践的途径，对高校现有道德教育也提出了更高的要求。新媒体背景下的高校道德教育要求摒弃传统德育内容的抽象性，从大学生的实际需求出发，尊重大学生的思想表达意愿和话语体系，构建一个能够唤醒大学生的道德培养兴趣，激发他们德性培养主动性的一个平等互动、教学相长的学习实践平台。

（三）高校传统德育的课程资源不丰富

高校传统德育的课程资源有教材、教参、图文影像资料等，课本教材是以课堂为主渠道的传统德育的主要课程资源。传统德育中教材的编写和课程资源的开发主要由教育主管部门和地方政府决定，高校中的德育教师鲜少开发新的课程资源，高校传统的德育课程资源较为单薄，种类不丰富。随着互联网技术的发展，新媒体承载了十分广泛的德育资源，包括马克思主义理论资料、党和国家发展的各项方针政策、国家领导人的治国理政思想等与大学生道德教育紧密联系的政治、经济、教育、科技多方面的信息资源。其表现形式比传统的课程资源也更加丰富，在新媒体平台中各类图文影音资料通过链接的方式联系互通，将各类表现形式组合呈现并且注重用户在接收信息时的交互式体验，大学生在自主学习实践过程中能够有效地表达自己的观点看法，有利于良好德性的培养。新媒体已经成为一种新的德育课程资源，高校在这种发展趋势下开始重视对新媒体德育课程资源的开发，但是开发速度落后于新媒体发展的速度。德育网站、微信公众号等信息宣传平台的浏览量少、互动性低，德育课程内容与新媒体技术融合度不高等，已经成为高校新媒体德育课程发展的共性问题，总体上看高校的现有德育课程资源不够丰富，新媒体技术的利用率不足。

二、高校德育管理工作的创新

（一）重视德育教育，树立德育新观念

德育是教育人如何做人，如何培养正确的人生价值观的活动，这就决定了德育的任务是提升个体的内在品德修为的本质。个人的活动大体上可以分为两部分，一部分是认识世界和改造世界的实践活动，另一部分就是认识和改造完善自己的活动。德育正好对应着人的这两部分活动。德育的任务之一就是要培养人在改造世界过程中的正确价值观，另一任务就是要帮助个人在认识完善自我的过程中形成恰当的人生观。高校的德育工作应该按照现实存在的物质世界发展要求和人的自由全面发展要求这两方面进行。但是目前的中国高校德育大多数只侧重于客观社会的发展需要，最大限度地教育年轻学子掌握科学专业知识，尽可能地适应和认识我们所处的这个社会，更好地在社会上生活立足。在这一方面，我们的高校教育是比较成功的。我们的高等教育为社会提供了大量的专业人才，但是一个全面的人才除了专业知识以外，还应该具有美好的内心思想品德。而我国现行的高校德育出现了越来越多的问题，这也从另一个角度反映了当前德育的缺失和存在的问题，只教会了学生生存的手段，却忽略了教人如何从人生价值方面去认识和完善自己，忽视了人才的内在品质塑造。也正是高校德育的这种功能缺失，导致当前的德育活动并不能有效地教导学生抵御社会上的不良风气影响。要改变这种只重物质忽视精神内在的教育状况，就必须重视高校德育工作，树立全新的德育新观念。

（二）注重实践教学，推动高校德育内容创新

在新媒体发展背景下，当代大学生处在复杂信息和多元价值观的冲击中，要做好大学生群体的道德观念引导，提升其对信息道德鉴别能力，高校应当创新德育教育的内容，尊重大学生的表达需求，拓展德育实践教学的途径。德育内容的创新首先要做到"在多元的信息空间坚持一元向导的引领"。在马克思主义的指导下，将社会主义核心价值观、"中国梦"教育、中国优秀传统文化等这些主旋律教育内容与新媒体网络德育相融合，克服传统德育内容的滞后性和抽象性，充实大学生的精神世界，帮助其树立正确的修德观念，让大学生在社会热点、难点问题的讨论中，有明确的社会主义立场，对国家和社会有强烈的情感认同。要利用新媒体这一媒介，线上结合线下开展丰富的校园文化活动，激发大学生

道德培养的兴趣，将生活实践引入高校德育内容。教育的核心是生活，高校德育工作不仅要培育大学生对道德观念的正确认知，更重要的是在生活实践中体现大学生良好德性的实效性，让大学生在社会上遵纪守法，在学校里尊师重道，在家庭中尊老爱幼，在常见的生活行为中充分体现德育实效。

要坚持高校德育与社会实际相结合，重视中国特色社会主义价值观的塑造。社会价值观是一个社会主观意识形态的重要组成，是社会保持稳定的基础。当前部分高校大学生道德意识缺失、人生价值观模糊迷茫，这正是高校德育工作不力的结果，更是社会价值观混乱的结果。在中国，社会主义核心价值观就是以新时代中国特色的社会主义精神文明为基础的，融合了传统的民族精神和改革开放进取创新精神的时代价值观、社会主义荣辱观。这种全民族的社会价值观是我国道德体系的重要支撑，是全国人民的共同思想基础，也是高校德育工作开展的基本纲领。在高校德育课程内容的选取上，要坚持体现社会主义核心价值观，对照"八荣八耻"来检视自己的言行举止，将"八荣八耻"和"社会主义荣辱观"等新时代的道德标准作为自身的道德准则，要明是非、知荣辱、懂善恶，逐步完善自我修养。在德育课程进修中，也可以根据当时的社会热点问题创设一些场景，以解答学生心中对当前社会道德观的疑惑与不解，引领大学生们对社会关心的道德问题进行讨论，从而激发他们的德育参与热情和兴趣，通过这些方式提高高校德育的理论水平。

（三）拓宽高校德育工作的途径方法

高校学生面临的事业、情感等问题较多，家庭背景和个人阅历不同，知识水平相对较高，有较高的精神需要。因此在开展高校德育工作时就要充分考虑他们的特点，选择当代大学生易于接受的德育新方法和新载体。要坚持政治思想理论讨论为主，各种德育活动育人、熏陶、感化共同作用，因此要积极探索大学生德育工作的途径和载体。

1. 占领网络阵地，发挥网络载体的优势

一是要做到对大学生全面深入了解。尽管要依据国家和社会的要求对大学生进行教育，但是国家、社会和个人的发展需要在根本上是一致的。如果能深入了解学生的切实思想品德需要，高校的德育工作就会更有效果，也更具有实效。现在的大学生主要自我思考，会将课堂所学和实际做对照，会过滤掉他认为不正确的信息。因此在开展网络德育过程中，

要尽可能地避免强行灌输的命令式教育，更多应该采用讨论交流等方式进行，引导他们做出正确的选择判断。

二是要重视网络德育的效果。要重视网络德育的传播效果，随时根据受众的反馈调整传统方式，形成一个良好的反馈机制。大学生的网络德育教育活动也是如此，如果不顾效果地堆砌式地将各种德育内容挂到网页上，那么这种网络教育的方式与课堂灌输也没有了区别，甚至会招致大学生的反感。因此在利用网络进行德育活动时更加要注重德育的趣味性和思想性的兼顾性。

三是要研究网络教育的特点。网络的虚拟化使得人们可以自由地表达自己的内心真实情感，因此，有时候网络上的思想更加真实。高校德育工作者要借鉴这种真实的情感的交流，将心比心，真诚交流，才会取得更好的德育引导效果。德育工作者可以适时地选取一些社会热点问题，借助网络展开讨论，在讨论中帮助学生明确思想问题，提高道德认知和明辨是非的能力。总之，德育工作者必须学会利用网络这种强大的信息系统开展思想道德以及思维动向引导。

2. 注重实践活动，发挥德育课堂的后续效应

高校德育过程中的实践活动主要是组织学生参加各种社会实践，在实践中接触到不同的事情和人，不断地遇到各种实际问题，从而锻炼学生的思想觉悟和识别能力，也就是在实践中不断提升认识世界的眼光，不断完善自我人生价值。高校开展德育活动的目的就是要帮助大学生形成符合社会要求、国家要求和自我发展需要的思想德行。要想达到这一目标，单靠课堂传授是远远不够的，还要将大学生的德育活动与实践密切联系，在实践过程中引导学生对德育理论知识加深感悟，直到内化为自身的行动准则。离开了实践的德育理论只能是理论，无法实现德育的指导作用。为此，我们在开展高校大学生德育工作时，要使大学生走出课堂，走出学校，增强实践活动的力度和广度，在实践中锻炼完善大学生的德育实践能力。

3. 吸收传统德育方式，注重学生自我修养

中国传统德育强调道德修养，更加注重个人内在修养，重在完美的人格养成。中国独有的这种传统道德观，造就了无数可以引以为后人榜样的道德典范，也是中华民族精神文化的核心精髓。尽管时代的发展使得部分传统美德不一定适用，但是如果我们能够将传统美德与现代发展相结合，扬长避短，将精华继续发扬，并注入时代的合理成分，那么自我修养的德育思想就可以在高校德育中发挥重要作用。

大学生的自我德育主要包括两方面：一方面是通过高校德育课程的引导，通过与他人的对比，自我反省、自我评价，明确自身的优劣长短，激发起学生的德育参与积极性；另一方面则是要在德育工作者的指导下，自我制定德育目标，并时刻监督自我，不放松对自己的道德要求。每一次对德育目标的对照、执行、反思、完善，都会将大学生的自我德行修为提高到新的高度，最终促进高校德育工作，实现德育目标，完善自我人格。

（四）完善德育工作机制

1. 加强和健全领导体制

高校德育工作是我国目前高校教育工作的重要组成部分，也是大学生良好思想品德形成的重要途径。在具体执行德育活动的基层单位——高校，则应该根据各高校的自身情况和各个时期的不同社会风气等思想状况，制定具有可执行性的德育工作方针和制度，将大学生的德育工作贯穿于高校教学、科研、建设的全过程中，不仅要做好专业技能的培养，也要教会大学生如何做人、如何面对复杂的社会风气影响。具体来讲，可以建立校院两级工作管理机制，分别并相互配合地组织各种德育活动，院系内部活动自我组织，跨院系的德育活动由校级机构组织。必须建立合理的机构设置，才能将高校德育真正落到实处，避免浮于形式的应付式工作。在校院级领导、德育机构和人员三者之间做好协调统一，保证大学生德育工作的科学有效开展。在高校德育工作的改革中，不仅要防止德育工作掉档，也要与科研、教学、社会实践等高校教育活动相结合，统筹管理，从机制上保证高校德育工作融入大学生的学习生活中，真正起到思想品德的引导作用。

2. 完善保障机制

规范、充足的资金保障是开展高校德育工作的物质经济保障。高校德育工作者的主要任务是教书育人，不是跑到社会上和上级机构争取德育经费。要让他们从为经费烦恼忧愁的牢笼中解脱出来，全心全意地把精力投入到高校德育工作当中去。高校和各级教育管理部门要购置必要的教学设施，保证德育工作所需的硬件建设，消除德育教师的后顾之忧。

（五）强化德育工作队伍建设，充分挖掘德育课程资源

新媒体作为一种新的德育课程资源逐渐在高校德育工作过程中得到利用，但是高校德育工作队伍在运用新媒体平台进行网络德育时还存在新媒体应用意识不强、应用手段不熟悉、相关管理机制不健全等问题。因此高校要强化德育工作队伍建设，注重对德育工作者网络技能的培养，提升其运用新媒体进行德育工作的能力，让德育工作者主动挖掘与应用新媒体平台中的德育资源。德育教师、辅导员作为高校德育工作队伍的骨干力量，应当自主培育对新媒体的操作能力以及高效的信息处理能力和辨别能力，掌握网络德育的规律和特点，开拓优质的德育课程资源，增强德育内容的吸引力和互动性。

高校现在的网络德育还处于探索阶段，存在体制机制不健全、责任主体不明晰、预防保障措施不到位等问题。为推动新媒体与德育工作的长期深度向好发展，高校要健全组织管理机制，成立专门的领导小组统筹规划高校的网络德育相关工作；健全信息反馈机制，有效预防新媒体平台上信息传播速度快、舆情控制不及时等问题，为网络德育的长期发展提供体制机制保障。

新媒体的快速发展为高校德育提供了丰富的课程资源和课程内容，同时也对高校德育的环境、德育工作者的话语权提出了挑战。因此，高校应当提升德育工作与新媒体的融合程度，掌握在新媒体发展背景下高校德育工作的特点，利用新媒体做好德育教育，充分发挥出当代大学生的创新性和先进性，努力开创新媒体背景下高校德育工作的新局面。

第四章　高校德育工作方法的创新

第一节　高校德育工作概述

高校德育承担着直接为社会培养思想政治素质过硬、道德情操高尚的合格人才的重任，对大学生健康成长和学校工作具有导向、动力、保证作用，对建设社会主义物质文明和精神文明，促进社会全面进步具有重要意义。

高校德育方法应在原有基础上有所创新，应能在当前的社会中发挥更好的作用。创新不仅是人类发展和进步的客观要求，也是人类生命存在的内在需要。一个人的生命存在不是一种简单的重复，而是一种追求（向往），即对一种更好的、新的生命存在性的追求。生命存在本身所要求的不是持续不断地保持某种原有的状态，而是要求一种创新、一种改变，这种创新作为生命的一种自我存在意识付诸现实活动，就是对现状的改造。所以说，人的生命存在活动的基本特征，就是在保持生命存在状态的条件下对生命新的存在形式进行不断创造，超越生命。

一、高校德育工作和高校德育工作方法

高校德育工作是指围绕大学生的思想政治素质和道德品质的提高而进行的一系列工作，主要包括"两课"——马克思主义理论课、思想政治教育课，教师从事的教学工作和学生思想政治工作专职干部从事的教育管理工作。在这里需要明确的是，不同历史时期，由于不同的社会发展形势和不同的教育理念，高校对学生进行的思想道德素质教育的侧重点有所不同。

我国高校通常采用说服、树立榜样、指导修养、品德评价等方法进行德育教育工作，

这些教育方法多少带有强制意味。这种强制性的"灌输"容易引起学生的反感，使之产生抵触心理。而且这种德育过程往往缺乏师生的讨论交流，缺乏学生的尝试和反思，在很大程度上禁锢了学生的思维，限制了学生的自主性和创造性，致使思想道德教育不受学生欢迎，流于形式，实效低下。以往的德育工作途径多以在课堂上对德育理论的讲授为主，给学生"灌输"理论，给学生"讲"什么应该做、什么不应该做，而与学生的交流少；其他从事学生思想政治工作的专职人员对学生的思想道德教育也多停留在说教上，停留在学生出问题后的帮助、教育上，很少结合学生的思想实际、现实需要开展工作，缺少与学生心理的沟通和实践性环节，不善于利用现代教育手段，工作途径比较狭窄。

高校德育的基本职能是对学生进行道德教育，引导大学生培养和树立马克思主义的世界观、人生观和价值观。从当前高校德育工作的总体实践来看，其主流是好的，在培养社会主义合格的建设者和可靠的接班人方面发挥了不可替代的作用。

大学生良好道德习惯的养成，不仅要靠思想教育，而且必须辅之以必要的行为管理和德育生活熏陶，把德育生活融于大学生的行为养成，逐渐培养他们的道德习惯和意志力。教师职业水准下降，德育实效整体低下。在招生规模扩大和教师短缺的情况下，不少高校把教师的学历、职称和科研成果当作奖惩、晋级的重要依据，从而忽略了教师职业水准的要求，有的"两课"教师知识贫乏、能力不强，习惯用过去的思维方式来开展当前的思想政治教育。另外，高校德育管理体制不健全，机制不顺、运行不畅、规划不实、队伍不稳、落实不力，这都导致德育工作在管理上缺乏力度和深度。

针对大学生思想活跃、思维状况复杂的情况，可以改经验型的德育工作方法为科学型的德育工作方法，将心理学、伦理学、社会学、美学乃至系统论、控制论、信息论、现代管理科学等学科知识引入德育工作领域，努力提高德育工作的知识含量。

二、高校德育理论基础和基本原则——杜威实用主义道德教育理论[①]

约翰·杜威是西方道德教育领域最有影响的教育家之一。目前流行的各种道德教育模式无一不源于杜威的理论，尽管他们的研究结果超出了杜威的理论假设，但在某些方面仍

---

① 约翰·杜威（John Dewey，1859年10月20日—1952年6月1日），美国著名哲学家、教育家、心理学家，实用主义的集大成者，也是机能主义心理学和现代教育学的创始人之一。

留有杜威思想的痕迹。以美国著名哲学家、伦理学家、教育家和社会活动家杜威为代表的实用主义道德教育理论，把道德教育作为研究人的科学。他认为，人的研究首先或最终必须归于人或人的本性，人的行为首先受制于人的本性发展，必须从人的本性与外部环境的相互作用中求得解释，因而道德教育是依据"人的本性的科学"。杜威认为，人的本性确有某些难以改变的倾向，主要是人的本能。但本能不是人性的全部，从根本上说人的本性总是在与外部环境的相互作用过程中不断改变着。正是这种可变，才使道德和教育成为可能。杜威说："如果人性是不变的，那么就根本不需要教育了，一切教育的努力都注定要失败了，因为教育的意义本身就在于改变人性以形成那些异于质朴的人性的思维、情感、欲望和信仰的新方式。"人的本性可变，才有道德的需要和其发挥作用的可能，而道德对人的本性的控制方式就是教育，在此意义上，教育的方向、基础和意义都系于道德的要求、教育和道德的相互统一。

道德的发展是以理智的发展为前提的，但知识含量只体现个体素质的内涵，而人的德性却体现个人发展的方向。一个掌握先进技术和科学知识而在道德和人格上存在缺陷的人，往往会给社会带来危害。道德教育应当是在活动中培养道德品质，从做中学，他主张在活动中养成道德品质，而道德表现在人的某个行为特性中。唯有在活动中，人们才能够既掌握道德知识，又养成道德品质。

（一）在参与社会生活的活动中形成道德判断力

一切能发展有效地参与社会生活的能力的教育，都是道德的教育。因为只要学校与社会脱离，学校里的知识就不能运用于生活，因此也无益于品德的形成。

传统教育的失败在于忽视了学校作为社会生活的一种形式的基本事实，只是把学校作为教师传授知识、学生学习某些僵死的课业和培养某些固定习惯的场所。实际上，这些东西并不能成为学生生活经验的一部分，因而并未真正具有教育的作用，却同时成为道德训练成功的障碍。正如社会提供了道德发展的"实验室"一样，学校同样应该作为学生道德发展的"实验室"，为其提供指导，如同成人在他所在的更广泛的社会生活中一样，在学校中，学生应有同样正当的行为动机，有同样的道德行为的判断标准。学校应反映校外成人的标准，把学生当成一个人，它必须像一个整体的统一的人那样过他的生活。正是从这一思想出发，杜威反对学校为使学生习惯于某种行为模式采取惩罚等手段。在他看来，道德教育不能造成对惩罚的恐惧，也不能企图通过直接的奖励使学生遵循道德原则。允许学生犯错误并鼓励他们在发展中不断修正自己的判断，这才是最恰当的教育方法。

让学生参与社会生活的方式之一是把学校本身变成一种典型的社会生活。学校在这方面的道德责任就是要设计适合学生需要的各种活动，使学生在集体生活中受到刺激和控制。最好的和最深刻的道德训练，恰恰是人们在工作和思想的统一中跟别人发生适当关系而得来的。

（二）课程和教材的道德教育作用

道德的目的是各科教学共同的和首要的目的，所以知道如何把道德价值的社会标准加诸学校所使用的教材，就是十分重要的。

通过各科教学进行道德教育，在杜威看来，有两方面的含义：

一方面，教材必须联系社会生活。他建议，应当把学校学科作为理解社会活动情况的手段，把熟悉过去作为鉴别现在生活的有效力量，或变为应付未来的有效的工具。因此，学校的各门学科只有按照了解社会生活方式去教的时候，才具有积极的伦理上的意义。

另一方面，教学必须以心理变化为依据。杜威认为，对学生来说，教材"永远不是从外面灌进去的，学习是主动的，它包含着心理的积极开展，它包括从心理内部开始的有机的同化作用。没有任何一门学科本身自然而然地具有固定的教育价值"，因此，如果不顾及学习者的发展阶段，就无法实现教育目的。在杜威看来，把一套固定的行为规则或"坚硬"的道德习惯强加给学生，或者把已组织好的知识一股脑儿地灌输给学生，都是忽视个人的特殊能力和要求，忘记了一切知识都是一个人在特定时间和特定地点获得的。因此，有效的方法是使教材"心理学化"，从而便于学生吸收并转化为自己的行动指南。

（三）以解决问题促进道德成长

理想的道德训练方式乃是"民主"的方法，即"科学的方法"，也就是运用智慧进行"探究"的方法。人在适应环境的过程中，会遇到包括道德在内的各种疑难问题。人与环境的作用，就在于努力寻找解决问题的途径与方法。所有这些都不是通过强制的灌输，而是借助创造性的智慧对道德问题进行的积极的探究。在道德训练的过程中，教师通过提供现实生活中的"道德两难"问题供学生思考和讨论。教师的任务是激发学生的反省思维、好奇心和寻求新见解的态度,目的是让学生学会"如何决定做什么"。杜威也指出,这种方法虽可培养学生"民主""合作"的态度,提高学生的判断力,但这种方法必须使用得当。教师设计的问题"不能难得超出学生能力所及的范围",应"使新问题的困难程度大到足以激发思想,小到加上新奇因素自然带来的疑难,足以使学生得到一些富于启发性的立足点,从此产生有助于解决问题的建议"。杜威批评一般学校道德理论的口头说教,认为这种口头说教的道德知识脱离活动,道德观念不在活动中养成犹如不下水学习游泳。实际上,唯有在活动中学生才能既掌握道德知识又养成道德品质。

三、关于加强和改进高校德育工作的重要意义

高校的根本任务是培养德智体美劳各方面全面发展的社会主义事业的建设者和接班人。现在和今后一二十年高等学校培养出来的学生,他们的思想道德和科学文化素质如何,直接关系到 21 世纪中国的面貌,关系到我国社会主义现代化建设事业能否实现,关系到能否坚持党的基本路线一百年不动摇。为此,我们必须重视德育工作,把坚持坚定、正确的政治方向放在学校工作的首位。

(一)德育工作有助于应对国际、国内环境变化带来的挑战

当前,世界多极化和经济全球化的趋势在曲折中发展,科技进步日新月异,综合国力竞争日趋激烈,各种思想文化相互碰撞,在加入世界贸易组织后,伴随着经济频繁交往,高校面对着西方文化的大量传播和入侵。随着我国社会主义市场经济体制的确立和完善,我国社会的经济成分、组织形式、就业方式、利益关系和分配方式日益多样化,人们思想活动的独立性、选择性、多变性、差异性明显增强,人们的收入差距在拉大,政治、文化、权利意识在提高,思想观念呈现多样性趋势。随着我国教育事业的发展,高等教育进入大众化阶段,学生缴费上学、自主择业,新一代大学生所处的社会背景、家庭环境都发生了很大变化。

(二)德育工作事关国家稳定和社会主义现代化建设大局

德育工作事关培养什么样的人才,如果不加强德育工作,坚持马克思主义在意识形态

的主导地位，引导大学生坚定共产主义信念，树立建设中国特色社会主义的共同理想和正确的世界观、人生观、价值观，就可能出现全社会思潮混乱，影响国家稳定和社会主义现代化建设大局的严重后果。

（三）德育工作是学生成人、成才的重要保证

没有坚定、正确的政治方向，人就会偏离方向，甚至走上与社会对立、危害自己和国家的道路；没有健康的心理，人就会意志消沉、情绪低落、思想混乱，甚至走向自残、轻生的绝路；没有良好的道德修养，人就不能正确指导自己的行为，不能处理好各种复杂的人际关系，不能与社会建立和谐的关系，就会将自己与集体孤立，得不到他人的尊重与关爱。总之，德育工作是学生成人、成才的重要保证。

第二节　高校德育工作方法的创新

一、新形势下高校德育工作创新应注意的问题

（一）把诚信教育作为德育工作的基石

诚信是一个人思想道德素质最核心的外在表现，是每个人立足社会不可或缺的"无形资产"。大学生作为社会主义事业的建设者和接班人，时代要求他们成为具有较高诚信的群体。在日常工作中，我们通过开展诚信教育、建立信用评判指标体系、师生共建信用档案等手段，使诚实守信构成校园文化的重要特质，切实加强高校德育工作的实效性。

（二）把转变观念作为德育工作发展的前提

德育的出发点，不是禁锢人、束缚人、约束人，而是以学生全面发展为本，为其指引方向。德育不仅是社会道德的内在要求，而且是学生自我生存、自我发展的客观需要，在德育工作中，要善于将社会道德要求转化为学生的自我要求，形成内在的道德认识和自觉的道德行为，任何教育只有最终转化为自我强化才能真正达到教育的效果。同时，德育工

作需要构筑新型的德育思维，实施情感型教育模式，只有这样才能引起学生的共鸣，得到学生的信任，增强引导的作用。

要转变德育观念，发展咨询教育。长期以来，我们习惯于以教师或教育者的身份，通过正面灌输来对学生实施教育行为，学生则以受教育者的身份被动、消极地接受教育。发展咨询教育的目的，在于把学生与教师置于公平的地位。教师以专家的身份出现，为学生提供咨询服务，学生要求咨询服务则完全属于个人主动行为，这种全新的服务模式与当前大学生思想个性化、独立性强的倾向相匹配，从而把德育从宏观、普遍教育层次推及每一个学生微观的个体心理层次。发展咨询教育应该成为高校日常思想道德教育工作的一个重要发展方向。

（三）要把组织文化作为德育工作的有效载体

人是环境与教育的产物，德育不能仅靠说服教育，还要营造育人的优良环境和浓厚氛围，营造有品位的文化氛围。敬业、精业的组织文化，让学生在其氛围中去思考、感悟、理解，净化灵魂，升华人格，完善自我。组织文化从人的共同价值取向出发，注重焕发人的精神，具有自我激励的作用，这种对学生潜移默化的影响和熏陶具有深远性，而且作用深刻。所谓大学组织文化，就是指在大学这个特殊的组织里，以大学师生员工为主体，以办学实践为客体，通过组织内部的教育、教学、科研、生产、生活等实践活动所创造出来的综合文化。建立组织文化的核心是培养成员的敬业精神，敬业是一种基于责任心对工作、对事业全身心的投入精神，对大学生来说，表现为对学业的完全投入和对集体的热爱。强调承诺和奉献的组织，往往会产生强大的凝聚力和吸引力，使学生学会精业、敬业、合作、沟通，力求以浓厚的文化积淀构筑较高的精神层次，实现较佳的组织绩效。

（四）要把德育工作融于日常教育

目前，大学生中普遍存在着道德认识与道德行为脱节的现象，所以必须将德育工作层次化、实践化，强化大学生的日常行为管理，将德育与日常教育、与大学生成才观教育相结合。毋庸置疑，一个社会需要的合格人才必须具备较高的思想道德素质。因此，必须从学生一入校就着手抓大学生的思想教育，将思想道德建设和择业观教育相结合。同时，在大学校园中开展丰富多彩的、具有深层次意义的活动，将德育寓于活动中，使学生在活动中增长知识、提高素质。德育建设的一个显著特点是知行合一，大学生德育建设必将经历从知道到信任、从信任到行动的过程，面对知识经济、信息时代的冲击，我们必须强化德育实践环节，从大学生的基础文明入手，低起点、高标准地设计、执行、评估、反馈德育工作。

（五）要积极抢占德育工作的主阵地

一方面，互联网时代，网络为德育工作提供了更便捷的交流手段和更丰富的信息存储；另一方面，网络的信息混乱、理性缺乏问题也为各种负面信息的存在与传播提供了载体，给德育工作带来了诸多障碍，如何抓住机遇，应对挑战，成为高校德育研究者必须解决的一个紧要课题。我们必须探索利用互联网开展德育的有效方式，抢占主阵地，力争建设有吸引力、权威性的德育工作网站，增强网站内容的理论性、现实性、客观性、实效性、归属性等特点，同时加强网络管理和监控工作。例如，微博作为新的舆论集散地，日益成为广大网民尤其是大学生网民交流信息、发表意见的重要介质，所以德育工作者要善于对微博的言论进行及时引导，防微杜渐，为大学生解疑释惑。

二、新形势下高校德育工作方法的创新

面对目前高校德育存在的问题，面对新形势下的挑战，面对我国知识经济发展对思想政治教育的迫切需要，面对高校教育中德育工作的生命线地位，高校德育工作必须实现理论上的突破和实践上的创新。

（一）德育意识的全员化和德育格局的全方位

全体教职工都负有德育工作的责任，要做到"三育人"，即教书育人、管理育人和服务育人。全体教师应该更新教育理念，彻底改变只有德育教师才负有学生道德教育的责任这种错误思想，高度重视和充分发挥每一位教师的育人作用。教师要树立正确的教育思想，做到言传身教，为人师表，以自己的行动感染学生，使他们受到道德的熏陶。要发挥各科教学的德育功能，结合教学相关内容和各个环节，在适当的时机对学生实施道德教育。

学校各项服务工作都应有德育功能，只是有的德育教育的因素比较明显，而有的比较隐蔽。学校各项管理工作都应尽力与德育工作相互配合，注意道德教育因素，紧密结合实践，

着眼于对学生的教育，从严要求，注意方法的使用，使学生从中受到感染、激励和教育。

（二）德育目标的层次化

德育目标是德育活动所要达到的目的和要求。我国还处在社会主义初级阶段，多种所有制形式、经营形式、分配形式并存，社会道德方面既有属于高层次的、代表未来方向的共产主义道德，也有调整个人与社会、集体、他人关系的社会主义道德，呈现出以社会主义道德为主体的多种道德并存的局面。与之相适应，高校德育必须打破传统的"大一统"的目标模式，大学生的道德水准呈现多层次、多规格的特点，高校德育工作应根据大学生不同年级、不同身心发展水平，针对学生人生观、价值观、道德观及思维方式上出现的新特点，根据社会发展阶段的新要求，从培养时代新人着眼，从抓基础项目入手，分阶段、分层次制定德育目标。

首先，在思想政治教育上，对处于不同层次的大学生应相应地确立"爱国主义者——社会主义者——共产主义者"三个目标层次。热爱祖国是对大学生最起码的要求；坚持社会主义方向，立志做社会主义事业的建设者和接班人，理应成为绝大多数学生的基本要求；在此基础上，培养和塑造一批具有共产主义理想和觉悟的先进分子。按不同目标层次对大学生进行近代史和国情教育，党的路线方针政策教育，形势任务教育，民主和法制教育，马克思主义道德观、人生观和世界观教育。

其次，在日常品德教育上，使学生形成良好的劳动态度、生活作风、集体观念、社会公德、职业道德、社会责任感、历史责任感等是德育的多层次目标。作为普通公民，大学生必须遵守社会公德，这是对每个大学生最起码的要求；作为高等教育的接受者、未来各行各业的高级专门人才，大学生应该具有较高的职业道德和敬业精神；作为未来的社会主义建设者和接班人，大学生理应具备较高的文化修养和道德水准，成为社会主义精神文明建设的骨干和中坚力量。

最后，在心理素质上，对大学生既要强调一般心理健康的要求，也要注意培养他们在市场经济条件下应具备的那些心理素质。

德育目标的层次性启示我们，要坚持从实际出发，区分不同层次，明确不同目标，有针对性地实施德育，不能将只有先进分子才能达到的目标要求所有人员普遍达到；在德育过程中，坚持德育目标社会主义初级阶段的现实性与体现共产主义理想的方向性的特点，要求应各有所重。

（三）利用网络把德育工作透明化，道德档案能查有所证

国家教育部门可以考虑借助网络方便、快捷的优势，对每个学生建立道德档案。每个年满16周岁的公民都在网络中建立档案记录，此记录主要包括以下内容：姓名、年龄、所受教育情况，以及最重要的一面——道德行为、道德素质。人的道德素质记录，也就是做人记录。在我国确实有必要建立这种负责机构，在核实事件真伪的基础上，将公民的道德行为记录在案。这种方式便于用人单位和相关人士进行查证，在用人、选人时道德档案可以作为一个很重要的参考。当然，这只能起到一种参考作用，起到一种激励作用。促进个人提高自己的道德素质，改变不当的行为习惯，按照社会的道德规则约束自己的行为，逐渐从他律走向自律，这才是建立道德档案记录的目的所在。

（四）德育方法多样化、层次性

德育方法是为完成德育任务所采取的手段。由于德育过程是一个多因素相互影响、多层次的发展过程，大学生思想品德的形成受到社会、家庭、学校以及学生个人身心发展状况诸方面的影响，德育必须通过影响思想品德形成的各种条件的综合作用才能奏效，这就决定了德育方法的多样性和层次性。德育方法从不同的视角可以分为不同的层次。例如，从德育主体和客体的角度，可以分为主体外部灌输和客体自我修养两个层次；从德育内容权重的角度，可以分为理论教育、实践教育；从德育的类型，可以分为氛围型、渗透型、情感型、审美型；从德育方法的特点和作用，可以分为说理教育法、情感陶冶法、实际锻炼法、榜样示范法、修养指导法等。具体的分析可以从以下几个方面入手：

1. 要正确处理理论与实践的关系

马克思主义认为，实践的观点是认识论的首要观点，实践既是认识的起点，又是认识的归结点，更是检验认识正确与否的唯一标准，所以道德教育如果有意无意地忽视实践性，那么道德教育必将走向异化和虚无。一个人品德的形成不是思想与知识的直接结合，只有在实践中才能加深认识和感情，坚定意志和行动。所谓要在道德教育中把理论与实践相结合的原则，就是要在教育中实现教育内容的可检验性、教育形式的可感受性。道德教育与

实践相结合，才能激发学生的兴趣和主动性。道德实践具有形象、生动、丰富的特点，实践中有真实的人性展示，有心理情绪变化，有多层次价值展示，能使学生产生好奇心、探究心，并引发学生投入感情与体验，从而激发"兴趣"，引导学生进行道德理性思考。道德教育理论与实践相结合，才能使学生实现道德品质真、善、美的有机统一。在道德教育中必须坚持"知、信、行"的统一，否则道德教育只会走向空洞和虚无，而道德理论与实践相结合是贯通"知、信、行"的桥梁，所以在道德教育中理论与实践相结合的意义是相当重大的。

大学生正处于世界观、人生观、道德观形成的重要阶段，他们认识、改造世界的科学方法以及辨识是非的标准不会自然形成，只能通过理论教育和实践体验来获得。因此，德育工作既要重视系统的理论教育，又要重视社会实践活动教育。当代大学生身心发展有一个重要的特点，就是思维能力显著增强和自我意识显著增强，他们不轻信、不盲从，比较注重事实，也要求对身边的事物给以理论上的回答。德育教育者必须研究现实，结合实际，根据大学生的特点，把加强和改进"两课"的教学与培养道德行为结合起来。当前德育工作在强调学生道德知识掌握的同时，更应强调其道德行为的践行，大胆拓展大学生接触社会的机会和领域，使认识、体验、践行相结合。

2. 要创造利于德育工作开展的环境

道德教育不同于纯粹的知识传授，道德教育源于生活又必须回归生活。学生只有在一定的社会环境和社会关系中，其思想道德素质才有可能形成和发展。正如柯尔伯格所说，个体道德品质的形成过程是在受教育者自身与社会环境相互作用中，道德经验不断结构化的过程。环境对人的影响是潜移默化的，但作用是巨大的，所以只有优化环境，才能取得比较理想的教育效果。

第一，必须优化内部道德教育环境。内部道德教育环境指学校内部物质的和精神的、有形的和无形的诸种因素相互制约、相互作用所形成的教育环境，包括硬环境和软环境。学校必须健全教育网络，将教书育人、管理育人、服务育人落到实处，形成扶正祛邪、扬善惩恶的校园风气；将日常思想教育工作作为贯穿高校德育的红线，充分发挥党、团、学生会团结和引导大学生进步的重要作用，使学生多渠道、多角度、多形式地接受教育。

第二，要优化道德教育外部环境。道德教育要取得实效，只重视校园内道德教育环境是远远不够的，有人曾形象地说过，"社会像一只染缸。学校里品学兼优的学生，一到社会就变坏"。这句话虽然说得有点夸张，但很好地反映了重视和优化整个社会环境对于学校道德教育的重大作用，所以学校和教师不能关起门来搞道德教育，而必须和社会因素相互配合，使道德教育内部和外部产生共同的正向作用，只有这样道德教育才能达到理性的效果。

3. 灌输与疏导的方法相结合

理论灌输是德育教育的主要方式，共产主义理想和信念的教育不可能完全依靠实践实现，而必须通过适当的灌输方式加以引导。但在新时期，高校要对灌输的内容和形式加以改进，要区别不同层次、不同对象，加强针对性；要理论联系实际，以加强现实性，避免空洞说教。道德品质的完善不可能通过强行的灌输来完成，只能通过理性诱导，激发学生积极思考，引导学生比较、分析、鉴别，组织一系列启发式的德育活动，使学生在掌握思想道德规范的同时学会思考、判断、分析社会问题以及人生问题等，使大学生科学地认识自我与社会、自我与集体、自我与他人的关系，从而实现预期的德育目标。

4. 开展社会实践

组织大学生参加社会实践，是实现德育培养目标的基本要求。社会实践是大学生的一种认识世界、改造世界的社会生活，是理论联系实际、为社会服务的有效形式，是学校联系社会的纽带，是引导学生走与人民群众相结合、与实践相结合的健康成长道路的有效途径。大学生从学校到学校，缺少社会感受性，接受教化和熏陶的机会少，容易造成和社会脱节的危险，在学校中学到的道德教育知识很难应用到社会的交往中，因此，参与实践活动是大学生接受社会化教育的较好途径。

德育工作者要积极探索和建立社会实践与专业学习相结合、与服务社会相结合、与择业就业相结合、与创新创业相结合的管理机制，认真组织大学生参加各种形式的实践活动，使大学生在社会实践中受教育、长才干、做贡献，增强社会责任感。

5. 要把他律教育与学生自我教育相结合

人的行动的一切动力都要通过他的头脑，一定要转变为他的愿望动机，才能使他行动起来。事物的转化，外因是条件，内因是根据，外因只有通过内因才能发生作用，正确的道德思想的形成需要科学理论的指导，而理论不可能在人的头脑中自发产生，需要从外部灌输进去。但是，道德思想要真正转化为学生的道德行为，必须经过主体的认同，达到自律的程度，才能内化为个体的品行特征。

教育者向学生灌输的社会意识、道德规范和提出的教育要求，只有在教育者的影响下，经过学生主动地进行一系列思想交流，才能转化为学生的思想品德。因此，在德育过程中，教育者必须改变以往的单纯的自上而下的灌输方式，适当运用自我教育（自我强化、锻炼意志、自我调适、自我激励、自我反馈），让学生主动拟订教育计划，积极采取强化措施，自觉进行思想道德转化和行为控制，这对学生个人思想品德发展有巨大作用。自我教育是提高德育工作质量，促进学生优良思想品德形成和人格完善的关键。

6. 要加强德育队伍建设

高校要按照"政治坚定、素质过硬、专兼结合、功能互补"的要求，建立一支能适应高等教育改革新形势、具有战斗力的队伍，这是实现德育培养目标的重要保证。此外，高校在招聘学术性人才时也要注意道德品质要过关，而不要只看高学历这一点。

教育者自身的形象和素质对受教育者能否接受其教育有着直接的影响。大学生是一个特殊的群体，他们已经具备相当的文化知识和分析判断能力，会用自己的价值取向对待学校各类工作人员的言行，并根据自己的标准决定取舍。德育工作者应在师德方面做学生的表率，要以自身高度的觉悟和高度的职业道德感染学生、关心学生，对工作一丝不苟，好学不倦，虚心求教，努力提高自身的素质。

高校应认真选拔德才兼备、素质较好的人员充实德育队伍，把德育队伍建设纳入学校师资队伍、干部队伍建设的总体规划。按照"政治坚定、品德优良、业务精湛、专兼结合"的要求，建立一支兼职为主、专兼结合的德育队伍，充分发挥辅导员在德育工作中的主导作用，发挥党、团、学生会在德育中的自我教育、自我管理作用，将学校各种力量有机地结合起来，统一目标、统一组织、统一计划、统一措施，发挥德育队伍的整体功能。

加强德育队伍建设，一是要注重提高德育工作者自身的素质。一方面，通过各种激励措施使德育工作者具有较高的政治觉悟和思想政治素质，使他们掌握现代科学技术和文化知识。德育工作者要做到既通晓德育理论知识,又深谙心理学、教育学、社会学、伦理学等有关知识,形成较为全面的知识结构;另一方面,要努力营造人人追求高尚人格的氛围,促使德育工作者用自身的人格力量去感染人、教育人。二是要为德育工作者提供更多的学习深造和实践的机会,努力培养一批德育工作的专家。三是要采取必要的政策和措施,提高德育工作者的地位和待遇。

7. 要使德育活动社会化

现在各种通信技术与媒介已成为人们获取信息的重要渠道,高校德育影响源无限增大,这无疑加大了高校德育工作的难度。高校德育须不断向家庭、社会延伸,高校德育已不再可能闭门造车,我们必须打破原有的狭隘教育模式,寻求一种有利于学校、家庭、社会教育三者相互衔接、相互补充的一体化模式。

家庭是影响大学生思想行为的重要因素。学校必须积极寻求家庭的配合,通过各种途径与形式,与家长建立经常性的联系,普及家庭教育知识,引导家长参与学校道德教育,使他们能够更好地、更有效地致力于培养子女良好的行为习惯和基本的道德修养,优化家庭教育环境。

任何人都是生活在一定的社会环境中的,大学生总是在社会环境中接受教育的。无论是社会的政治、经济形势,还是社会传媒的宣传以及社会风气,都对大学生接受德育的效果产生极其重要的影响,在发挥学校主体作用的同时,德育工作者还应努力挖掘和利用社会德育资源,拓宽德育领域,通过建立健全社会实践活动基地、校外教育网点,加强对文化市场和娱乐场所的管理,动员、组织、协调社会各方面的力量支持学校做好德育工作。

德育方法的多样性和层次性提醒我们:不同时期,不同环境,不同的教育对象,要有针对性地采取不同的德育方法;在德育过程中要注意各种方法的有机结合,优势互补;既要发挥德育主体的优势,又要尊重德育客体的要求,在德育主体与客体之间寻求最佳结合点,以达到最佳德育效果。

总之,学校德育在学生成长过程中具有不可替代的作用,该作用的发挥有制约条件,尤其受社会大环境的影响与制约。高校德育只有构建起德育活动社会化模式,合作育人,建立起学校、家庭、社会相互协作的综合化社会教育网络,形成全方位的德育格局,才能取得最佳的德育效果。

8. 进行民族文化教育和理想信念教育

深入开展爱国教育、集体教育和社会主义教育，加强诚信教育。有着五千年灿烂文明的中华民族，在漫长的历史长河中铸造了高尚的民族灵魂，有着丰富的优秀文化和优良传统，涌现出一大批具有高尚人格的历史人物。高校应充分利用这些优秀的文化传统和历史遗产，教育和引导当代大学生，增强他们的自尊心、自信心和自强心，使他们具有远大的理想和抱负，具有崇高的精神境界，具有艰苦创业、开拓进取精神。在新的形势下必须结合大学生的特点、结合有关专业知识和文化科技知识来开展思想道德教育，寓教于学，寓教于乐，寓教于管理。德育工作者要根据新情况、新问题，有针对性地采用多样化、多渠道、多载体的方法进行德育教育。

9. 要充分发挥"两课"主渠道的作用

马克思主义理论课和思想品德课是对学生系统进行思想政治教育的主渠道和基本环节。德育工作要把"两课"作为重点课程来建设，不断改革"两课"的教学内容与方法，努力提高教学实效。同时，"两课"要以时代精神为主旋律，踏着时代的节拍不断更新内容。

10. 优化校园文化环境

第一，加强校风、学风建设，创造良好的育人环境。良好的社会风气和校园道德文明的氛围，会使学生受到潜移默化的教育和熏陶，对强化大学生的内心信念，减少乃至消除他们社会行为的失范，起到很好的环境教育效果。

第二，净化校园文化环境。科技的高速发展使大学生接收信息的渠道更为广泛，必须充分认识到，应充分发挥好校园文化的先导作用，构建与现代化进程相适应、集古今中外文化之精品于一体的校园文化，从而拓宽学生的知识视野，提高学生的文化素质和情趣品位。

第三，加强校园文化建设，优化育人环境。要通过开展各种文明健康的文化、科技和体育等活动，建设文明、整洁、优美、有序的校园环境，充分发挥环境的育人功能，增强高校思想政治工作的针对性、实效性。校园文化活动对于陶冶学生的情操、提高学生的综合素质发挥着重要的作用。扩大高校思想政治教育，应强化对学生课余活动和生活的引导与管理，积极推进思想政治工作的"新三进"，即进宿舍、进社团、进网络。

第四，培养一支具备坚定的共产主义信念、高尚的道德品质、精湛的网络技术、敏捷的反应能力和强烈的开拓进取精神的德育工作队伍。他们应该既懂思想道德教育艺术，又懂网络技术。网络时代要求有这样一支适应新形势的德育工作队伍。只有把德育和网络技术结合起来，才能有效地解决网络时代德育工作面临的挑战和问题。德育工作者要系统地学习网络知识和技术，把握网络思想道德的状况和特点，洞悉学生思想动态，能够在网络上有针对性地进行思想政治教育工作，提高思想道德教育的水平和效果。

第五，当前的学校德育管理是一个开放的管理模式，高校可充分开发和合理利用显性和隐性教育资源，以求得管理的最优化。学术界有人重新界定德育是一种"点圆式"教育，这种"点圆式"教育就是以学校为中心点，以学校和家庭为另外两个射点，以最强的主动性和创造性画圆，由点及圆，积极探索并达到最佳的教学目标的工作方法。

三、高校德育工作方法创新的尝试性策略

创新是主体通过探索去解释和把握世界的规律，并遵循和运用事物的规律，催生富有全新价值的新事物的过程和结果。创新是一个艰苦的过程，在这个过程中我们必须充分发挥主体的能动性，而这种能动性的发挥必须符合事物的发展规律，同时受到客观条件的制约。因此，高校德育方法不仅在其创新过程中面临着挑战，更重要的是这种方法的创新必须正确地应用于教育实践，并对实践产生预期的影响和效益。高校德育是一门科学，其知识体系要经得起现实生活的检验和历史的验证。一般来说，德育的有效性主要表现为德育活动对其预设目标的实现程度。这是一个尝试性的过程，也是检验我们的创新方法的科学性的过程。任何教育理论都不可能放之四海而皆准，因此，任何新的教育理论的实践都必须是谨慎的、尝试性的。

基于我们对现代道德教育现状的分析，我们认为在今后的道德教育中，指导思想和实际内容都要有所改变。从大的方向来讲，我们的道德教育首先要做到以下几点：

第一，高校高度重视道德教育。这显然不是一个创新，因为在我国各级教育目标中都明确地把道德教育作为教育的首要任务和内容。但实际上在我国的高等教育阶段，道德教

育并没有真正被提上日程，高校的道德教育实际上主要是政治教育和大学生日常规范教育。道德教育的真正意义已经丧失无遗。因此，结合现阶段社会道德水平下降、道德信仰无所坚持甚至道德信仰衰落的状况，高校德育必须反思自身。高校应肩负起大学的责任，把大学精神真正落到实处。大学的责任不是仅仅授予学生一个谋生的证书和学历，更重要的是让学生传承中华民族的优秀道德文化传统。

第二，德育内容的选择和安排必须以德育目标为依据，德育目标是根据社会主义教育目的、德育任务、当前的形势及青年学生的思想品德水平确定的。以往我国的德育目标过于单一，不分层次，片面强调目标实现的高水平、高要求，这造成德育内容各组成部分比例不恰当，如政治比例过高，道德教育的内容强调不够，层次性体现不足。当代大学生思想发展的特点和阶段性，决定了高校德育工作必须有针对性地、科学地、系统地安排内容，做到不同教育阶段有不同的侧重点。根据社会转型期价值观念多元化的趋势和学校德育一元化导向的多种任务，现阶段高校德育内容应在固定不变的一般化、单一化的社会、阶级和民族规范教育的基础上，逐步增加现代社会的一般的或普通的社会规范和技术规范教育内容。马列主义基本理论教育、共产主义理想教育、爱国主义教育、集体主义教育、劳动教育、纪律教育和国情教育等，仍是德育的基本内容。人道主义、科学精神、环境意识、全球意识、和平与发展意识、合作意识等全社会、全人类共同的一般行为规范教育，应成为德育的重要内容。开放意识、竞争意识、主体意识、创造意识以及艰苦奋斗、无私奉献精神乃至社会责任感、心理承受能力、受挫折能力教育等，也应成为德育不可缺少的内容。当然，不同的历史时期，主客观的临时需要可以使某方面的教育有所侧重。在现阶段，人们的生活方式、思维习惯和价值观念日趋个性化，思想活动、行为习惯具有明显的个性特征和复杂的层次性。当代大学生思想发展的特点和阶段性，决定了高校德育必须具有时代性和针对性，要根据时代发展需要和学生的思想实际，精心设置德育的内容体系。

根据我们对当前德育现状的分析，以及我们在这个问题上的思考和探索，我们认为，现在高校德育方法的创新和应用还要从以下几个具体方面入手：

（一）加大对学生的精神投入，培养学生的独立创新精神是高校德育的重要指导思想

以学生为中心，加大对学生的精神投入，培养学生的独立、创新精神，是一个重要的指导思想。高校是培养人才的地方，它一方面担负着为社会主义建设事业培养各类专门人才的任务，另一方面还要达到培养高素质人才的目标。要实现这一目标，就必须坚持以学生为中心，这是高校一切工作的出发点和落脚点，也是做好德育工作的基本原则。学校必须为学生提供全方位、全过程、全员的育人服务，创造良好的育人环境。在德育方面，必须抓好精神投入，造就社会主义事业新人。所谓精神投入，是指对人的需要的关怀、重视、理解、支持，它属于意识形态范畴，具有明显的情感色彩。对高校德育的对象——大学生来说，精神投入所关注的是他们的自身价值能否得到提升和发挥，能否被教师及其他同学认可和赞同，从而觉得自己就是教学的主体。大学生的视野开阔、思维活跃、情感丰富、青春焕发，他们追求自身价值的实现，注重人与人的友谊和交往，看重社会评价、荣誉、信义和成就感的满足，这些都会直接影响人与人的感情，更影响心与心的沟通。因此，抓好精神投入，就是要着眼于情感的调节、灌输，开展形式多样的教育活动，培养学生对人生、对社会有积极意义的感情；就是要把大学生为实现自身价值做出的努力，转移到为国家、为人民、为社会而忘我学习和多做贡献上来。

现代社会是竞争的社会，激烈的竞争对教育提出了新的挑战，它迫切要求培养人的创新精神、创新能力、创新人格这三个方面的素质。中国传统道德选择方式的最大特点是以大众的是非为是非，以权威的是非为是非，缺乏独立自主的判断，这种神圣化和趋众化的观念缺少一种基于个人经验和个人理性的反省和审视，使个人理性趋于萎缩，社会理性趋于保守。单纯靠"填鸭式"的灌输和要求服从，必然使大学生丧失独立思考的自主性，形成唯书、唯上、随大溜的习惯。因此，高校德育应克服这种不良影响，在要求受教育者遵循基本的规则之外，多给他们提供探索世界、发展自我的机会；让他们经常有独立思考的机会，养成独立思考的习惯，培养学生独立思考的能力；此外，还要注意培养学生自强不息的创新进取精神。

在当前，培育大学生的创新精神、创新能力、创新人格显得尤为迫切。因此，要重视培育大学生不畏艰险、勇于探索的科学精神。科学精神是人们的理想追求、价值准则、行为规范及其特有的精神气质的集中表征，它的本质内涵就是解放思想、实事求是、不断创新，这三个方面是互相联系和互相制约，其中不断创新是核心，高校德育就是要培育学生追求真理、勇于献身、不断创新、严于律己的科学精神。高校教育要注重科技与人文知识体系的传承，价值体系和伦理体系的内化，在求真求善的前提下，求异求新并不断发展。

（二）注重大学生的品格培养是高校德育的重要内容

品格是个人、家庭、民族成功的关键，品格是个人和民族发展的基石和力量源泉，是世界发展最强的推动力。大学生的品格培养是高校人才培养至关重要的任务，是高校德育教育的核心内容。品格的内涵十分丰富，良好的品格至少应具有敬业尽责、诚实守信、善良公正、明智创新、坚忍不拔、富有爱心、勤奋自律等内容。大学生须培养的具体品格有爱国敬业的精神、追求卓越的志向，创新开拓的意志、崇尚科学的态度，不畏挫折的品质、立足实际的性格，沟通合作的意愿、守法守信的习惯，放眼世界的眼界、博采众长的胸怀，维护公正的勇气、关怀弱者的爱心，保护环境的意识、善待生命的情怀，终身学习的观念、慎独自律的品质。促进大学生品格教育的因素包括对学生的尊重与关爱；积极的角色榜样；为学生提供发挥自主性和影响力的机会；为学生提供思考、争论与合作的机会；使命和标准；为学生提供社会技能训练机会；为学生提供参与道德行为的机会。

（三）加强对思想政治理论规范的理性阐释是高校教育的重要方法

理论规范用以指导人们如何去做，理性阐释则是解决为何要去做的问题。过去的实际工作往往把政治理论看成有关伦理原则、规范的传授和灌输，不注重培养受教育者运用这些规范和原则的能力。由于缺少相应的理性阐释，人们对政治理论规范的接受始终停留在知其然而不知其所以然的层面上，这使正确的理论规范难以在人们心中扎下根来，成为人们的自律准则。而我们的学校教育也没有对此引起足够的重视，而是更多地从社会现实和经济利益出发，来调节自身的人才培养模式。现阶段，我们必须针对现代大学生的主要道德教育问题，有重点地补上传统道德教育这一课。

无信不治，无信不立。诚实守信是中华民族的优良传统，是中华文明五千年的积淀，凝结着先人的智慧和希望。信守诺言，是我们理想的道德人格中重要的一条。

针对现代大学生情感的冷漠以及情感的空虚问题，我们有必要对他们进行基本的感恩教育。感恩应是人的基本情感，也应是一切高尚道德情操的根源。"知恩图报""滴水之恩当涌泉相报"，知恩是感恩、报恩的前提，不知恩就谈不上感恩、报恩。知恩，就是要知父母培育之恩，老师教诲之恩，朋友帮助之恩，社会上每一个关爱过你的人的恩情。感恩，若无力相报，或一时无机会报答，都不要紧，但心中要长存感念。这种感念是催促个人奋力上进、严格要求自己的重要的力量源泉。报恩最根本的方法是献身社会，为民众、为社会多做贡献。我国著名科学家钱学森为了回报祖国母亲对他的哺育之恩，对美国政府给他的高薪和一切荣誉称号全然不顾，毅然回到贫穷落后的祖国，投身科学事业，为我国的现代化国防建设做出了巨大的贡献。懂得感恩之人，是有敬畏之心的人；懂得感恩的人，是谦虚有德的人；懂得感恩的人，是对生命有深刻理解的人。因此，我们要做一个知恩图报、懂得感恩的人。学会了感恩，就学会了思考；学会了感恩，就懂得了爱；学会了感恩，也就理解了世界和生命。

（四）网络道德教育提上了高校德育的日程

网络道德是人们以网络技术为媒介，对通过电子信息网络发生的社会行为进行规范的伦理准则。它是调整人与人之间关系的社会准则，是人类社会既有的道德通过结构性变动而形成的继承和创新相互统一的产物，是现代和传统相互整合的现代道德形式之一，是一种在适用范围上超越时空，覆盖全球的普通的伦理规范。网络的虚拟性并不表明网络生活与现实生活风马牛不相及，网络生活可以说是网络时代人们现实生活的一部分，并未远离现实生活这一物质基础。现代网络的发达和人们对网络的依赖达到了前所未有的水平，网络给人们提供了相当大的便利和效益，同时也带来了很多不可忽视的问题。网络道德的缺失与网络的迅速发展形成了鲜明的对比。在现阶段，网络非法活动常见，但是由于网络的特性，这些非法活动得到了很好的掩饰，网络活动缺乏道德约束。

现代大学生正是生活在现代网络发展壮大的时候，因此，对他们进行相应的网络道德教育是时代的迫切要求。现阶段的高校德育工作应该把网络道德作为一门新的课程纳入高校的道德教育体系。各级教育部门以及社会各界，都要对网络道德建设做出自己的努力，只有这样才能在短时间内建立和完善网络道德教育体系，使我们的网络道德教育走向完善。

此外，还必须借鉴发达国家的教育经验，毕竟发达国家在这一方面比我们起步早，同时经验和教训都比我们丰富。网络的全球化使得网络道德也具有很大的普遍性和一致性，因此在这方面借鉴国外的经验是必要的，也是合理的。

网络道德教育的健全和实施是迫切的，它在一定程度上反映了一个国家的道德教育风貌，是一个国家道德教育必不可少的一部分。现阶段我国大学生的网络道德教育还处于起步阶段，刚刚开始有这方面的理论导向，我们应该发动全社会的力量，尽快完善起网络道德教育体系，作为网络的重要应用者，高校对网络道德教育建设有着义不容辞的责任。

（五）"学会做人"的教育应贯穿道德教育的始终

"学会做人"应该是道德教育的基本要求，道德教育首先就是要教会学生如何做人，做一个什么样的人。但这一要求又是道德教育的最高要求，如何做一个人，做一个什么样的人，这是一个人一生要不断思考和践行的事，甚至也是整个道德教育要不断追问和实践的事。学会做人，说起来简单，实际上却包含着大智慧、大学问。我们的整个道德教育都是在不断地探索怎样教会学生做人。学会做人的教育应该是教育的根本和道德教育的归宿。

国际21世纪教育委员会提出21世纪世界教育的四大支柱，即学会求知、学会做事、学会共处、学会做人。其中学会做人是四大支柱的核心，也是教育的目的和根本。教育的核心是做人的教育。学会做人是立身之本，是一个人成功的前提，而使学生学会做人，就必须培养其优良的心理品质和积极处理人际关系的能力，使他们有较高的情商。

不会做人的人，是不会成才的，对国家、对人民、对家庭也不会有什么好处。做人是成才的内容和要求。任何人都要学会做人，会做人是成才的基本素质，也是评价和考核人才的根本标准。做人的核心是拥有爱心。学会做人，这是我们每个人都要面对的问题。不管一个人有多少知识，有多少财富，如果不懂得做人的道理，这个人最终不会获得真正的成功和幸福。一个人的人格魅力来自学术水平和道德情操的完美统一，表现为健康的价值观、高尚的道德情操和渊博的知识，这就需要把做学问、做事、做人完美地结合在一起。

道德教育是人的教育中首要的一环，也是教育中最有难度的一环。搞好道德教育，是各个国家和学校的首要任务。在新形势下，我们面临着新的挑战、新的任务，如何把这个挑战和任务当作我们改进道德教育的动力，是一门很大的学问，这需要全社会的智慧和支持。学校只是道德教育的一个场所，它能起多么重大的作用是依赖于整个社会教育的支持程度的，我们有信心和有能力搞好道德教育建设，在新时代、新形势下，高校道德教育必须有所作为，才能使我们整个教育水平跟上时代的发展，促进时代的发展和进步。

第三节 高校德育方法创新的基本路径

一、高校德育方法创新的原则

高校德育方法的原则，是指在德育的过程中德育工作必须坚持的原则。因此，研究高校德育方法在创新的过程中坚持的原则是一项比较重要的课题，结合高校德育发展的实际情况，专家、学者提出了很多关于德育方法创新应坚持的原则，从社会的发展情况来看，根据所掌握的资料，我们认为主要有以下几个必须坚持的原则：科学性原则、主体性原则、层次性原则和有效性原则。

（一）科学性原则

高校德育方法的科学性原则，要求德育工作遵循大学生思想活动的规律，遵循德育工作的客观规律，遵循高校历史发展的科学规律，克服盲目性与随意性。我国高校德育工作一直以马克思主义科学的世界观和方法论为指导，又与其他学科知识紧密联系，吸收其他学科知识的精华，这进一步拓展了高校德育的视野，加快了高校德育方法创新的步伐。

现代科学技术的发展，特别是互联网技术的发展，对我国的政治、经济、文化、军事等社会各个方面都产生了影响。互联网进入高校以后，对学生的思想观念、生活方式和身心健康等带来了潜在的、深远的影响。原有的德育方法在互联网时代完全不适用了，只有及时把握现代科学技术的发展要求，尽可能地把先进的科学技术运用到对学生的教育之中，才能跟上科技发展的时代步伐，也才能增强德育的效果。

高校德育工作是对大学生进行教育的工作，因而高校德育工作者应把正确的政治观点、政治立场和政治方法放在首位，在实践中接受互联网对高校德育工作的影响，改变传统的德育方法，为此，德育工作者要用科学的世界观、方法论武装自己，使自己具有正确的思想观点、政治立场、思维方法和教育艺术。只有这样，才能使德育工作具有强大的感染力、吸引力、说服力和战斗力，从而提高大学生的德育水平。因此，高校德育方法一定要坚持科学性的原则，只有这样，高校德育才能沿着正确的路线不断向前发展。

（二）主体性原则

人的全面发展，是以一种全面的方式进行的。高校就是以学生为根本，尊重学生的主体地位，以此来满足学生的自主性和独立性要求。主体性德育是对传统德育方法的一种超越。

然而，当前高校德育与大学生的现实生活相脱节，没有把贴近大学生思想实际、贴近大学生的实际生活作为开展德育工作的必要手段，这样就不能开展有针对性的德育工作，从而无法取得良好的德育效果。

因此，高校德育方法创新要坚持主体性原则，把着眼点放到教育对象主体性培育上，培养大学生的积极性与主动性。知与行不能脱节，不能把德育看作一种强制教育，而应该把德育内容化为大学生的品质，从根本上增强德育效果。

（三）层次性原则

人的发展是有层次的。当前国家的快速发展、改革开放的深入人心和高等教育的普及，使我国高校发生很大的变化，高校教育由"精英教育"发展为"大众教育"，这种情况下，在德育的过程中，德育工作者更应注重平时的积累，把握不同的教育对象所具有的不同特点，有的放矢，因材施教，坚持普遍性和特殊性相结合的工作方针，这对于增强高校德育实效有着至关重要的作用。

第一，根据受教育者各项综合素质的不同特点，找到适合学生的德育工作方法。伴随着高校大学生人数的增多，一些大学生由于生活、学习以及社会、学校和家庭等各方面的差异，表现出不同的特点。从德育水平来说，大学生整体德育水平比较高，但是由于受到外界的影响，一些大学生对德育水平评价标准提出质疑，因此，德育水平评价标准的随意性比较大；从互联网的影响来看，由于互联网传播信息的方便与快捷，这种新的德育载体更容易被大学生接受，互联网在带来有益信息的同时，消极信息的纷至沓来冲击着一些立场不坚定的大学生的思想……因此，德育工作者要具体情况具体分析，找到适合学生的德育工作方法。

第二，增强德育方法的层次性，应该区别教育对象学习目的的多样性。由于教育对象综合素质的层次不同，不同教育对象的学习目的也就不同。大学生德育工作要分层次、有重点、循序渐进，努力贴近社会、贴近生活，充分调动各部分学生的积极性、创造性和主动性，使各种不同层次的大学生转变学习态度，真正去接受学习，从而向更远大的目标迈进。

（四）有效性原则

高校德育工作在德育实践中一定要注重有效性原则。在德育工作中德育工作者不充分重视有效性原则，不利用有效的德育方法解决大学生问题，其结果就是德育目标无法实现，德育任务无法完成。高校德育工作者在德育过程中要及时发现大学生的问题，并运用恰当的教育方法及时解决问题。对已经出现问题的大学生，德育工作者应该深入调查出现问题的原因，找到切实可行的方法，从根本上发现问题的解决办法。

高校德育工作是一项系统而又烦琐的工程，仅仅坚持以上四个原则是不够的，它需要各个方面的原则作为它的支撑，做到社会教育、学校教育和家庭教育三者的结合，共同促进高校德育工作的发展，改进原有的高校德育方法，从根本上增强高校德育的有效性。

二、高校德育方法创新的具体内容

（一）坚持生活化教育方法

高校德育方法越贴近生活，越能体现教育中的以学生为根本，越能发挥人的主体性，引发人的内在创造力，体验生活的美、教育的真正内涵，形成文化、社会、个性协调发展的生活环境。

大学生的成长过程是一个漫长而且复杂的过程，德育发展与时代的发展紧密联系在一起，在大学生的日常生活中渗透着德育，德育贯穿整个大学生活。生活化的德育注重生活实践，因此，德育应从生活中来到生活中去。当代高校的德育方法需要改变传统的单一灌输和说服教育的方法，应善于突出学生的主体性，组织学生自我教育、自我管理，使高校德育工作真正做到贴近学生、贴近生活实际，作为一项重要的内容，引导学生正确地认识自己，不断改善自己的道德认识与行为习惯，在活动实施上突出保护自我心灵，发掘自我经验，关注自我行动，促进自我发展。高校德育是与时代特点紧密相连的，我们的德育工作者更应从大学生的生活实践中对大学生进行教育，关心大学生的生活，让大学生得到身心的全面教育，在德育课堂上利用"道德两难问题"启发学生，让学生思考和检验自己的道德立场，反思自己的行为，让广大青年学生真正地从日常生活实践中得到教育。

因此，高校德育方法的生活化，是时代发展的需要，是社会进步的需要，是促进高校德育发展的需要。高校德育方法只有贴近现实、贴近生活、贴近社会，才会为社会发展培养更多合格的高素质人才。新时期高校德育应该更加注重生活化的教育，在生活实践中潜移默化地教育广大青年学生，为社会培养更多德才兼备的高素质人才。

（二）坚持隐性教育的方法

我国高校德育工作一直以显性教育为主。随着社会环境的复杂多变，仅仅依靠书本知识的教育是不够的，还必须注意在显性教育的影响之外运用一些潜移默化的教育，这样才能提高德育工作的实效。隐性教育作为和显性教育相对立的一个概念，是由西方学者首先提出并具体实施的。关于隐性德育课程，学术界还没有统一的定论。我们认为，隐性德育课程是指广泛地存在于课内外、校内外教育活动中，间接地、内隐地，通过社会角色无意识的、非特定心理反应发挥作用的德育影响因素。

高校德育工作必须以大学生德育品质的形成和发展为基础，大学生会受到外界环境各种因素的影响，同时也会受到一些环境因素的隐性影响，如社会政治环境、经济环境、文化环境等。这些因素对大学生德育的影响一般是非计划性、无目的影响，虽然不能取得立竿见影的效果，却在无形中会对大学生产生一种潜移默化的影响。高校环境建设包括物质环境建设和精神环境建设。物质环境包括学校的建筑、学校的配套服务设施等。这是学生基本的物质需要，是高校必备的物质基础设施。精神环境的建设包括教育者传授知识、校园文化的建设、校园网络管理等。随着网络的普及和发展，其传播信息的方便性、灵活性、娱乐性和速度快的特点，使广大高校学生更容易接受网络这个传播信息的新兴载体，这需要高校运用正确的教育思想占据学校的主流文化阵地，构筑健康的校园文化，更好地教育广大青年学生，提高他们辨别是非的能力。

高校德育工作者在传授理论知识的同时，要根据时代的发展变化开展具有时代特色、现实感和历史感的理论课程，强化学生的历史观念和爱国情感，用事实和网络开展生动、鲜明的社会实践和理论讲座，从不同的学科教育中渗入德育观念，培养大学生积极乐观地探索知识，对待学习、工作和生活的态度。这是高校德育工作者肩负的重要责任。

因此，高校应该开展一些互动性和娱乐性比较强的文化活动，使大学生在耳濡目染中受到德育熏陶和影响。另外，利用大众传媒网络载体，对大学生进行宣传教育，发挥德育的隐性影响，使大学生在德育品质情感培养和行为方式等各个方面受到潜移默化的教育，从而完成德育任务，实现德育目的。

（三）坚持自我教育的方法

自我教育法是受教育者按照思想政治教育的目标和要求，主动提高自身思想认识和道德水平以及自觉改正自己的错误思想和行为的方法，简单地说就是人们自己教育自己，自己做自己思想政治工作的方法。

大学生健康成长不仅需要外在的教育，还需要大学生对自己的约束和管理，他们不仅要接受课堂教育，还要进行自我教育，即自我认识、自我监督、自我调整等。而自我教育恰恰就是为了提高自我约束、自我控制和自我管理的能力。

高校德育工作者的首要任务就是培养大学生自我教育的能力，为大学生的自我发展创造条件，增强德育的实效性，达到德育工作的目的，完成德育工作的任务。德育工作者在大学生的学习和生活中，应该采取自我批评、自我表扬和自我激励相结合的方法，充分发挥学生学习和参与实践活动的积极性与主动性，加强大学生的自我管理和自我服务能力。在实践中，德育工作者还要善于运用榜样的力量和先进事迹的影响作用，使学生既有奋斗目标又有赶超的态度，从而提高学生的自我教育能力。

自我教育并不是德育工作者不负责任、任由学生的自由教育，而是根据大学生之间有相互影响的特点进行的独立教育。自我教育是一种特别强调主体意识的教育方式，需要大学生之间相互鼓励、相互影响、相互批评，需要大学生独立地发现问题、自我解决问题，为自我教育创造条件，从而提高自我教育的能力。

（四）坚持心理咨询教育的方法

各高校要积极创造条件建立大学生心理健康教育工作体系，面向全体大学生开展经常性的心理辅导或咨询工作。此外，还要通过个别咨询、团体咨询、电话咨询、网络咨询、书信咨询、班级辅导、心理行为训练等多种形式，为大学生提供及时、有效、高质量的心理健康指导与服务。因此，高校必须建立比较完备的心理健康教育系统，组成专门的心理健康机构，针对大学生表现出来的心理问题，及时发现，及时解决，提高大学生的心理素质和抵抗挫折的能力，保证高校德育工作的顺利进行。

心理咨询主要是在意识层面进行的一种教育性、指导性比较明显的活动，它不仅是保护人们身心健康所必需的，而且是塑造健全人格、开发人们潜能的有力手段。随着社会的发展，心理咨询已经越来越受到人们的重视。要发挥好心理咨询的作用，必须在设立心理咨询中心、开通心理咨询热线等传统形式的基础上，把心理咨询工作做实、做细。要组建心理健康教育三级网络，即心理咨询中心、心理辅导员队伍和大学生心理健康协会，此外，还要建立心理咨询网站，开展网上心理咨询服务。当前的大学生受到各种因素的影响，在发展个性化的同时出现了一些心理问题，如心理承受能力差、自理能力不强、抗压和抗挫折能力差等。大学生所表现出来的各种心理问题，已经影响了校园和谐的生活和学习氛围。高校更要注意加强大学生的心理健康教育，把心理咨询教育融入所传授的知识，经常性地开展心理健康讲座，运用生动有趣的传播方式组织大学生进行心理健康教育，增强大学生抵抗挫折的能力，加强教育者与教育对象之间的相互信任和相互理解，从根本上增强高校德育工作的实效性。

德育工作者作为与高校学生直接接触的教育者，在日常的学习和工作中，应积极加强心理教育知识方面的学习，恰当地运用新的观点和新的方法帮助大学生解决问题，加深对心理咨询这一新兴德育载体的认识，在学习和生活中，与大学生交换意见，了解大学生的心理动态，循循善诱地解决大学生的心理问题。

（五）坚持综合性的教育方法

所谓综合性教育方法，就是以唯物辩证法关于全面的观点、联系的观点和发展的观点为指导，运用系统论的方法，把各个方面或各种方法的思想政治教育有机联系起来，使之成为具有最佳教育作用的教育整体。可以说，综合性的教育方法是德育教育整体合力的过程。

加强和改进学生德育工作，首先要提高促进大学生全面发展的能力，解决好"培养什么人、如何培养人"这个事关国家长治久安、事关中华民族前途命运的根本问题。高校如果要从根本上增强德育的实效性，就要改变传统的、单一的教育方法，改变脱离时代的发展的德育方法，贴近社会，贴近大学生的生活实际，把多种德育方法互相联系起来，共同开展德育工作。

应对不同的、单个的德育方法进行选择、综合和重构，对受教育者的生活环境、工作环境、性格、特征等各方面进行透彻了解，根据需要创造出一种与受教育者相适应的综合教育方法和模式。在这一德育工作过程中，高校德育工作者应该综合考察各个单独的德育方法，使相互联系、相互影响的德育方法充分融合，然后对不同的教育对象进行彻底分析，针对他们不同的需要，有针对性地运用综合式的德育方法。在高校中实施综合式的德育方法，需要适应大学生不同的实际状况，综合分析大学生各自不同的特点，进行高效率的、符合实际的德育教育。针对大学生出现的思想问题进行德育教育，从而纠正大学生的错误，有层次性和有针对性地运用综合式的教育方法，这是德育工作者德育工作取得成效的关键。

总之，高校德育工作方法创新的内容涉及很多方面，需要全方位、多侧面地多方共同努力，不断地开发新的德育资源，改变传统的高校德育工作方法，使高校德育工作方法在实践中得到发展与创新。我国高校德育在新时期的发展趋势是，有针对性地抓好德育工作，增强高校德育的实效性，从而使高校德育工作方法更具有科学性与时代性。

三、高校德育方法创新的着力点

新时期高校德育方法创新，是通过利用社会教育、学校教育、家庭教育"三位一体"的德育资源来实现的。高校在强调德育重要性的同时，应该开发多种德育资源，使德育方法不断得到创新，从根本上解决我国高校德育存在的问题，从而促进我国高校德育的发展，实现德育的目的，完善德育的内容，完成德育的任务，增强高校德育方法的实效性。

（一）确立实践式的高校德育方法

众所周知，实践的观点是辩证唯物论认识论之第一和基本的观点。人们思想观念的形成、发展都离不开实践。随着高校德育的发展，对于高校来说，仅仅依靠书本上的理论知识开展教育已经不能满足社会发展的需要。理论与实践相结合的德育方法在这样的社会条件下发展起来。

实践式的教育方法，就是组织、引导人们积极参加多种实践活动，不断提高人们的思想觉悟和认识能力的方法，即在改造客观世界的过程中同时改造自己的主观世界的方法。实践式的教育方法也可以叫实践锻炼法。实践对于高校来说，作用更为突出，高校是为社会培养高素质人才的主要场所，实践式的教育方法关系着高校德育能否成功。由于当前大学生的大部分活动时间和空间主要集中在课堂、学校，实践锻炼法的运用还需要教育者精心的策划，这需要教育者付出大量的时间和精力，有的教育者因此而消极对待，造成此类方法的运用多流于形式，因此，实践锻炼法受到了很大的限制。高校在传授理论知识的同时，应该经常组织大学生进行社会实践，深入了解社会，了解生活的真正内涵。"没有调查就没有发言权"就是要求高校在重视理论知识的同时，重视实践的重要作用。

为此，高校应该充分利用多种德育资源，使德育资源成为大学生接受德育的外界条件。只有这样才能充分调动学生的积极性，使学生以高昂的热情积极地投入实践锻炼，从而提高学生参与社会实践的能力与适应社会的能力。成功的高校德育不但要求大学生有丰富的专业知识，还要求大学生具备社会实践的能力。是否理论联系实践，是衡量高校德育的重要标准之一。

德育效果的好坏必须用实践去检验。实践式的高校德育方法是与整个社会的发展紧密联系、与时俱进的德育方法，是高校德育工作者在长期的德育工作中积累的宝贵经验。这种实践式的高校德育方法有利于提高大学生适应社会的能力以及人与人之间交往的能力，能够引导大学生积极地参与竞争，通过实践培养人与人之间的团结合作精神。

（二）确立渗透式的高校德育方法

高校德育的一个主要特点就是需要重视德育潜移默化的影响，大学生的大部分时间都是在接受无意识教育。我国高校德育存在的一个弊端就是传统德育方法的广泛应用，传统德育方法主要强调的是正式课程的显性影响，一定程度上忽视了隐性课程的渗透教育，使德育的实效性得不到加强。而在新时期，我们在强调创新传统德育方法的同时，应重视加强德育的渗透影响，开展各种形式的非正式课程，形成潜移默化、渗透式的德育影响。

隐性教育课程是与显性教育课程有着显著区别的概念。隐性教育课程具有以下几个特点：首先，从影响结果来看，隐性教育课程是学业成绩之外的非学术的影响，更多地体现在对学生价值、情感和意志等方面的影响上。其次，从影响环境上来说，它是一种潜存于班级、学校和社会中的隐含性、自然性的影响。再次，从影响的计划性角度来看，隐性教育课程是非计划、无意识和不明确的影响。最后，从影响的效果上来看，因为隐性教育课程是一种潜移默化的影响，所以它的影响不是立竿见影的，却具有"积累性""迟效性""稳定性或持久性"。高校德育中渗透式的德育方法，更加强调高校德育潜移默化的影响作用，要求高校在德育过程中根据时代的发展变化转变德育的传统思想观念，开展各种各样的活动，在实践活动中渗透德育教育，从而在无形之中使大学生受到教育，形成以学生为中心、情境为中心、活动为中心的新局面。高校德育应该把显性教育与隐性教育有机结合起来，增强高校德育的良性发展和良性循环，从而使高校德育取得预期效果。

因此，高校德育中渗透式教育方法已经成为新时期高校德育发展的趋势，是从根本上促进高校德育方法创新的一个主要依据，对高校德育方法的创新具有深远意义。

（三）确立高科技引导式的高校德育方法

引导法就是启发诱导，教育者指导受教育者主动、积极、自觉地提高思想认识的方法。这种方法十分强调发挥受教育者的主动性，激发受教育者思考的积极性，增强受教育者接受教育的自觉性。

高校德育的发展，最主要的是要适应时代的发展与变化，利用科技的发展成果促进高校德育方法的创新。目前，高校德育方法的单一、手段的陈旧以及接收信息的狭隘性，使高校德育方法无法得到创新，延缓了高校德育方法创新的步伐。特别是随着我国科技的发展，获得信息变得更加方便与快捷，这促使高校必须改变传统的德育方法和手段，只有这样才能增强德育的实际效果。而西方国家利用高科技的信息传播途径宣传本国的价值观念，引导学生对本国价值观念的认同，这种做法值得我国学习。

高校在对大学生进行教育的同时，重视对学生的日常行为管理，制定了一些规章制度对大学生进行管理与约束，这在一定程度上有利于形成良好的学习氛围和校园文化氛围，这种做法在科技发展日新月异的今天显得尤为必要。随着科技信息时代的到来，学生获得信息不单单依靠教师的传授，更多的信息可以通过网络获得。教师的主体地位发生动摇，而学生的自主意识和自主行为意识日渐增强，面对这样的情况，高校德育工作者一定要紧跟时代步伐，利用网络来充实自己的知识储备，利用生动有趣的多媒体教学课件把学生的注意力集中到课堂上，从而达到对大学生进行教育的目的，此外，还要注意引导大学生的思想行为向积极、乐观、向上的方向发展。对于高校德育的发展而言，引导式的德育方法是我国高校德育发展的大趋势，也是我国高校德育工作者工作中的重中之重。

（四）确立预防式的高校德育方法

预防教育，就是针对人们可能或将要发生的思想问题与行为偏向，事先进行教育，防止思想问题与行为偏向发生，或者将思想问题与行为偏向制止、消灭在萌芽状态。而所谓的预防教育法，就是预测人们可能或将要发生的思想问题，事先进行思想政治教育，防止和避免思想问题产生的方法。预防式的高校德育方法是在高校之中实施起来比较困难的一种德育方法。由于大学生的多样性、层次性与复杂性的特点，预防式的教育方法在实施的过程中有一定的困难，德育工作者必须深入学生，了解学生的不良思想动态和思想问题，采取措施，使还没有表现出来的问题得到解决。这是一种超前教育形式。

首先，预防教育能增强德育教育的先导性。高校德育有利于帮助大学生确立正确的世界观、人生观和价值观，坚定大学生共产主义的信仰，防止大学生错误思想的产生，对大学生具有一定的先导作用。因此，高校德育工作者在平时的德育工作中要善于观察，及时发现问题，把握大学生的思想动态，预防可能发生的问题，只有做到预防，才能使问题消灭在萌芽状态，德育工作才能发挥积极作用。

其次，预防教育能提高高校德育的主动性。大学生受到社会各种因素的影响，需要德育工作者采取预防教育，及时纠正即将出现的问题，端正方向。为了避免消极影响的发生，德育工作者在教学之中需要以正面教育为主，使学生接受正确的思想，从而避免各种问题的产生。

最后，预防教育能强化思想政治教育的有效性。高校在德育过程中，通过对大学生进行预防教育，采取显性教育与隐性教育、明示教育与暗示教育相结合的方法，能从精神上帮助大学生树立坚定的政治信仰，防止和抵制错误思想和错误行为的发生，帮助大学生端正学习和生活的态度，抵制一些消极、不良的情绪，提高大学生道德水平和辨别是非的能力。

高校德育方法中的预防教育拉近了教师与学生的距离，只有深入了解大学生的思想变化和大学生的日常生活，才能有效防止错误思想和行为，从根本上对大学生进行德育教育，促进高校德育方法的创新与发展，开创高校德育方法创新的崭新局面。

综上所述，高校德育方法创新的着力点，主要应强调高校确立实践式、渗透式、高科技引导式以及预防式的德育方法，这样不仅可以拓宽研究高校德育方法创新的视野，还可以改变高校德育方法创新的现状，从而达到高校德育方法创新的目的与效果。

第五章 新媒体背景下高校德育教育

第一节 新媒体对高校德育工作的影响

一、新媒体概述

新媒体是高校德育的一种新的工具，能够快速、便捷地向学生进行思想政治教育，且新媒体的方式多样，能够充分调动大学生的积极性。

（一）新媒体概念

随着科技的发展，对新媒体的界定也在不断发生变化。早期，联合国定义新媒体就是网络媒体，是以网络作为传播消息的媒介。美国教育机构还认为新媒体已经脱离了原本的界定，已经属于一种数字信息，融合了人传播和大众传播的信息传输方式。

我国学者认为，新媒体是传统媒体的补充和延伸，是需要建立在传统媒介的基础上的。但是关于新的标准还是存在争议。有的人认为，新旧是从时间阶段划分的，是相对于旧而言的，清华教授熊澄宇认为"新媒体是一个相对的概念，新相对于旧，新媒体属于时间的概念，是在这一段时间内的新出现的媒体，是一个发展的过程，不会界定在某一个形态上"。[1] 也有学者认为新的标准应该是出现在国际范围内的，如果在国际上已经出现过就不属于新媒体。也有以技术变革来界定媒体，称报纸等具有现实形态的媒介作为第一媒体，广播为第二媒体，电视为第三媒体，互联网为第四媒体，移动网络为第五媒体，最新出现的媒体就被称为新媒体，这种划分方式比较单一，在现实生活中，几种媒体相结合就会产生新的社会影响。

---

[1] 熊澄宇，美国杨百翰大学博士，清华大学教授、博士生导师，清华大学学术委员会委员，清华大学国家文化产业研究中心主任、新闻与传播学院创建人之一，中国传播学研究会会长。

关于新媒体的延伸，公认的主要包括广播电视、移动网络和互联网三大类，具体的有数字电视、网络电视、博客、手机短信、手机电视、手机彩信、电子邮箱、虚拟社区、搜索引擎等，对于是否是新媒体有争议的是楼宇电视、车载电视和网络游戏。虽然对于新媒体的界定尚有争议，但是新媒体的传播对我们的生活领域带来的巨大变革是有目共睹的，是公认的事实。

（二）新媒体的主要特征

1. 内容丰富、信息量大

新媒体所承载的信息量较大，内容丰富，可以为人们学习提供丰富的研究资料，不仅开阔了人们的视野，也可以改变人们的思想，有"不出门便知天下事"的能力，能够显著丰富人们的生活。互联网所承受的信息量较大，可以超越时间的限制，在全球进行传播。

2. 便捷、快速

随着科技的发展，电脑在人们生活中越来越普遍，是人们生活和工作必不可少的一项工具，通过电脑使用网络可以使使用者轻轻松松便可知天下事，同时外出携带手机可以更加便捷人们的生活，并且容易携带，方便交流。新媒体与传统媒介相比较省去了很多的中间环节，传统媒介依靠报刊等，传播速度以及范围受到限制，但是新媒体能在第一时间将信息传到世界各地。目前，越来越多的大学生通过新媒体了解外界信息，能够加强大学生与外面世界的交流。

3. 双向互动

人们普遍使用网络可以加深信息传播者和受众之间的良性互动，使使用者可以通过网上调查和新闻跟踪等方式知晓外界发生的事件，同时使用者可以发表自己的看法，使在现实生活中接触不到的人以及不认识的人进行交流，使传播者根据受众的意见进行调整自己的行为，实现多方交流，同时信息传播者也是信息接受者，每个人都可以自由、平等地发表自己的看法与意见。

4. 个性化与社群化

当前的信息传播是以点对点的方式进行，这样有助于为网络用户提供便捷、个性化的信息服务，用户可以依据自身需求和兴趣来浏览信息，同时用户也可以通过自己的网络地址与一个甚至多个用户进行信息的交流。信息技术的发展，在多媒体背景下人们已然成为信息的运用者和主人，这就是网络化时代所表现出的个性化与社群化。此外，在新媒体背景下，人们可以通过虚拟化的环境，诸如微博、空间等网络平台来减轻生活中所承受的压力。

网络信息传播一方面表现出个性化，另一方面就是其社群化。人们通过各种多媒体形式和平台群居于互联网环境中，如QQ、微博、微信等是当下网络时代所衍生出的表现网络社群化的多媒体形式。网络技术是各种多媒体形式和平台的建立和运作的支持和载体，其建立的目的就是帮助用户相互之间进行交流和信息分享。

5. 隐性的教育方式

网络上有很多学习的课程，以及许多知识的信息，新媒体是通过传播大量的、正确的信息，使得对使用者起到思想教育的目的，教育的形式多样，能够起到很好的教育作用，是现代大学生接受教育的一种方式。

（三）新媒体的类型

新媒体的种类较多，以往将新媒体分为三种，互联网媒体、手机媒体和数字电视媒体。按媒体的表现形式分为四类，分别为：网络社区、网络通信工具、门户网站和即时分享平台。

1. 网络社区

网络社区主要包括论坛、贴吧、群组讨论等网络交流空间，是具有共同兴趣爱好的人聚集的网络空间。网络社区将一个虚拟的空间作为日常讨论聚集的场所，是一个信息化、网络化的场所，丰富了人们的日常生活，增加了一种日常的交往方式。人们可以在网络上得到自己感兴趣的信息，并且平等、自愿地发表自己的见解，对于大学生而言，他们可以通过贴吧、讨论群等获得自己想要知道的学校信息，并且对学校的建设发表一下自己的建议，有的学校会通过学校论坛发布一些重要信息。因此，网络社区是一个开放性的空间，是大学生教育工作的重要空间。

2. 网络通信工具

网络通信工具是依托于互联网的通信工具，可以通过网络与亲人、好友进行交流，使用者可以通过MSN、QQ等进行一些文件传输以及视频聊天、语音聊天等，还可以通过电子邮箱进行文件信息的传输,网络通信工具可以定时地进行信息交流,在适当的时间进行信息传播。在高校使用网络通信工具可以更加方便地进行信息传播,大学生可以更加便捷地接受思想政治教育,是一种快捷、方便的渠道。

3. 门户网站

门户网站是一种专门的信息服务应用系统,汇集了某类综合性的信息资源。门户网站现在已经发展为搜索引擎、电子商务、新闻资讯等服务网站。目前我国的门户网站有搜狐、新浪、腾讯等。目前人们主要通过报纸、电视和网络获得信息,大学生作为中国的希望需要更便捷的途径来获得信息。现在的搜索引擎可以提供给大学生一个获取搜索引擎的渠道,并且新闻资讯和网络购物等已经进入了人们的生活,使用范围较广,扩大了大学生的视野。

4. 即时分享平台

即时分享平台是指个人提供信息发布和信息共享的平台,信息同时具有私密性和公开性,QQ和微博就是典型的即时分享平台,使用者可以随时将自己的新鲜事和心情等通过即时分享平台发布到网络上,其他的使用者可以查看、评论、转发,以扩大信息的传播范围。在高校,政治教育通过这一新兴事物可以提高大学生的学习的兴趣,推动德育教育水平和质量。

二、新媒体对高校德育工作的影响分析

(一)新媒体对高效德育的功能分析

在新媒体时代背景下,各种多媒体形式以其强大的吸引力和渗透力而在我们的日常生活中随处可见,诸如微信、QQ、微博、陌陌等多媒体形式以其丰富多样的功能使我们的生活丰富多彩,也变得更加便利。近年来,各高校也越来越重视新媒体在教育体系中所发挥的重要作用,尤其对于德育工作,多媒体的运用使得德育建设变得更加科学和有效。

新媒体能够为高校道德教育带来大量典型及时的素材和资源,有助于德育工作的正常推进。教育者能够借助各种多媒体形式搜索教学素材,同时学生也可以通过在线交流以及自主浏览各种德育信息来进行自我学习和提升;新媒体能够为德育实践提供一对一的交流形式,有助于学习者与教育工作者之间进行道德情感交流,这种交流方式一方面能较好的

保护人们的隐私；另一方面有助于开展个性化的道德教育，便于人们进行道德情感的交流和熏陶；网络时代所催生的各种新媒体形式能够帮助人们进行情感诉求和道德实践，诸如通过微博平台发布或转发各种寻求帮助的帖子，让更多的人看到以便于伸以援手，从而践行了道德行为。

（二）新媒体条件下高校德育环境的新特点

第一，新媒体是信息化时代所催生的网络载体形式，其本身就具有虚拟的特点，呈现出一种虚拟的媒介环境。在新媒体时代背景下，各种多媒体形式就是一种全新的媒介。所谓的媒介环境学，其实就是一种对媒介环境进行研究的学科，媒介环境学主要是以媒介本身所具有的特性为出发点来对各种媒介所组成的媒介环境进行研究，尤其是那些主导媒介，考察其变化所引起的深远影响。

第二，新媒体的出现也对各种环境，诸如社会政治、经济、文化、生活以及生态等产生较大的影响。在新媒体时代背景下，政治环境变得越来越透明和公开化，社会经济环境也越加开放和交融，文化环境也变得更为包容，人们的生活由于新媒体的出现和运用而更为网络化，生态环境的维持和保护也更为有效。因而，在新媒体时代背景下，社会各方面都受到新媒体的影响，这是一种潜移默化的作用，我们处于新媒体所构建的环境中。

（三）新媒体在高校德育中的应用现状

1. 新媒体在高校德育环境中所承担的多重角色

在当下，网络时代的发展使新媒体呈现出空前的高度，高校德育环境也出现了极大的变化，新媒体的出现和运用对于高校德育环境的构建承担着至关重要的作用和角色。

首先，新媒体所构建的媒介环境作为高校德育环境建设过程的大背景。从网络时代发展至今天，新媒体环境依然成为世界大环境的标志，其具有极强的渗透力，影响着社会的诸多领域，成为最关键的时代背景，在这样的背景下，高校德育环境的构建逐渐展开。

其次，在高校德育环境的建设过程中新媒体是重要的载体，发挥着至关重要的作用和功能。新媒体所具备的高新科技手段支持着高校德育环境的建设；各种新媒体形式的运用丰富了德育环境建设中的内容和方法，为高校德育建设提供新的思路和素材。可以说，新媒体在德育建设中承担着重要的载体角色。

最后，新媒体时代背景下高校德育环境建设有了新的发展趋势。网络时代发展到今天，将各种新媒体运用在高校德育建设当中，这种潜移默化的作用以及所发挥的功能决定了在新媒体时代背景下高校德育环境依然被刻印上"新媒体"的标志。然而，在高校德育建设中对新媒体的运用仍然存在诸多的问题和挑战，需要我们不断地探索和创新。

2. 新媒体在高校德育建设中的应用现状分析

德育环境属于高校建设中的软实力，是对大学生道德素养培养与发展产生影响的诸多因素，包括各种内部以及外部因素的总和。德育环境对于大学生道德认知、情感、意志、信念以及道德行为实践都将产生极为重要的影响。在社会不断发展变化的进程中，高校德育环境也出现了越来越鲜明的变化，在当下新媒体时代背景下已经刻上新媒体的标志。

高校的物质环境变得更加丰富和多样。传统的物质环境构建通常较为关注文化性及生态性，注重对学生道德情感进行熏陶和引导，诸如在教学楼、食堂以及图书馆中张贴名人画像、英勇事迹等来对大学生的道德情感以及精神状态进行熏陶，通过校园绿化来对大学生的生活和性情进行熏陶。在当下新媒体时代背景下，为了与大学生自身特点相契合，激发大学生的兴趣和注意力，高校越来越重视物质环境建设的数字化和信息化发展，例如在公共场所设置数字电视等多媒体，有助于学生丰富校园生活，浏览和阅读丰富的资讯信息，借助多媒体形式来实现德育信息的传播。

新媒体时代背景下高校的人际环境变得更为复杂。人际环境在德育环境建设中是重要的内容，鲁洁教授曾表示：德育工作其实就是人与人之间的理解，人属于一切交往关系中的产物，因而通过人与人之间的交往能够实现相互间的理解，最终实现道德教育的效果。在新媒体时代背景下，人际交往已经不仅仅局限在现实的环境，而虚拟环境已经成为发展的主流。然而虚拟环境让人际交往变得更为复杂，在虚拟的网络环境中我们很难了解交往对象的身份，这种陌生的信息交流又通过网络交织而变得更加紧密。然而，人际交往变得复杂的同时，也表现出了明显的民主化、自由化以及个性化趋势，在虚拟的网络环境中人们能够更加自由地进行情感交流，表达自己的思想，从而为德育工作以及德育环境建设提供新的场所，表现出了德育环境建设的新气象。

在新媒体时代背景下，高校知识环境变得更为丰富和灵活。各种新媒体形式能够提供丰富多彩的信息，使得高校知识环境变得更为丰富和自由，大学生能够借助互联网获取丰富的德育知识以及道德案例，这将促进德育课堂中教育模式的转换，学生成为教育的主体，从而保证了教学质量的提升。各种多媒体形式的涌现，使得大学生可以借助各种丰富多样的途径和手段来获取知识信息。此外，新媒体的运用为道德课堂讲学提供更多有效的模式，诸如视频教学、课堂媒体互动以及论坛交流等将有助于课堂教学效果的提升。

新媒体时代背景下高校德育的管理环境变得更为民主化和公开化。道德更重要的就是一种内在的约束力量，然而德育工作的有序开展与严格的制度管理是分不开的。在新媒体时代背景下，高校的德育管理已经不再局限于学校的管理层，学生可以通过互联网以及多媒体形式参与到德育活动的组织以及策划中，表现出德育管理的民主化和公开化。同时，互联网的运用使德育管理变得更为网络化，山东大学 ISEE 网站所开发的大学生德育电子档案其实就是一种德育管理网络化的表现，这种网络化的管理保证了德育工作的透明和简捷，能够让大学生清晰地了解德育行为的践行状况。

第二节　新媒体背景下高校德育存在的机遇与挑战

一、新媒体背景下的高校德育建设

（一）新媒体为高校德育环境建设提供了新载体

新媒体的运用使得传统德育物质环境建设的有效性降低，但同时也提供了有效的德育载体。高校德育环境中所谓的物质环境主要是指校园中那些能够表现出德育功能的实质性环境。以往的物质环境通常是比较关注其文化性以及生态性，通过潜移默化的作用来促进大学生的道德修养，然而，在网络时代背景下的高校中，这些实体性的物质环境已经失去了应有的作用和德育功效，大学生们更多的是运用各种多媒体形式以及关注诸多的网络平台，这就使得传统的物质环境在德育方面的实效性受到了极大的挑战。因而，我们应当立足于学生角度,充分考虑当代大学生的特点,借助新媒体丰富多样的形式来构建全新的德育物质环境。而物质环境的构建与新媒体所提供的丰富的德育载体是分不开的。德育载体主要是那些具有承载以及传播德育的因素,能够被德育主体所运用,并且可以借此进行德育实践的形式。新媒体其实就是一种重要的德育载体,德育的主客体之间能够借助互联网以及手机等形式进行彼此间的道德交流。运用各种新媒体形式能够打破地域与时间的限制,人们可以随时随地地进行德育实践活动;在内容上为德育建设提供丰富多样的信息,使得道德教育所具有的政治色彩淡化,因而更容易被大学生所接受。

(二)新媒体保证了高校德育的主体性

新媒体充分保证了高校德育的主体性,增强了高校学生在德育教育中的选择性和自主性。

首先,对于传统的德育教育,教育者以及被教育者之间的关系和地位存在比较明显的区分及差异,通常是一种机械性的填鸭式教育。教育工作者往往是源源不断地将相关的知识及信息向学生进行传输,而学生也只是处于被动接受的境地。而在新媒体背景下,高校德育教育相关工作者主要负责进行积极健康信息内容的发布和传达,纠正消极以及不利于高校学生健康成长的信息,从而对学生进行正确的引导和教育,提升学生德育水平。因此,这也在很大程度上对高校德育教育的工作者提出更为苛刻的要求。

其次,在传统的高校德育教育过程中,由于存在身份及地位的差距,往往导致高校教育工作者与学生之间存在很深的隔阂,这也致使相当多学生不愿意将自己内心的真实想法表达出来,从而严重阻碍高校德育教育工作的进一步开展,也必将影响德育教育的实效性。然而在新媒体背景下,大学生可以借助各种形式的网络平台进行自由以及平等的交流及互动,发表自己的真实感受和看法。因此,高校学生通过网络获取的是一种自主选择的教育。

最后,高校学生处于新媒体的时代背景下,接触到各种形式的新媒体资源,通过充分发挥新媒体的功能,自由而主动地获取自己所渴求的信息。在这个选择的过程中,德育教育的实效性逐步形成,新媒体进行信息传播所具备的双向性和互动性的特点导致受教育者从消极、被动地接受转化为积极主动地参与,从而有效地确保了高校大学生德育教育的主体地位。

（三）新媒体的广泛应用扩展了高校德育的时空性

在新媒体背景下，大学生借助新媒体力量进行大量信息的选取，最终的目标就是运用新媒体技术将所获取的信息内容转变成对自己有用的知识，因此高校教育工作者可以借助新媒体的各种传播形式进行教育信息资源的传递，同时教育工作者还能够运用新媒体技术所具备的特点实施德育教育，如可以借助电子邮件、微信、微博以及校园数据库等方式进行信息传递，因而实效性也大大提升。

一方面，互联网、邮件以及微信没有时间的束缚，大学生随时随地都可以在网上筛选所需要的各种信息，打破了传统思想政治教育固封于时间的限制，拓展了德育教育的时空界域。高校德育教育工作者借助新媒体将图像、文字以及声音等教育内容向学生进行展现，从而打破了时间的束缚。

另一方面，在新媒体背景下，高校德育教育借助互联网打破了地理空间上的束缚，不同地区以及不同学校的学生可以借助网络进行资源分享，共同获取德育教育的信息资源，还可以在网络上向老师咨询以及探讨共同的问题，大大拓展了高校德育教育的空间。高校教育工作者可以运用各种新媒体形式，如微博、微信等平台，客观了解大学生的真实心理动态，可以借助于网络与学生进行沟通和交流，从而有针对性地引导大学生树立正确的价值观以及人生观，提升德育教育工作。

（四）形成了高校德育的新合力

在新媒体背景下，各种新媒体形式增强了德育教育的新合力以及吸引力。一直以来，传统的高校德育教育通常是一种填鸭式的教育，教育工作者在课堂上具有绝对的权威性，而受教育者只是处于被动接受的地位。然而这样的教育方式会让学生产生较强的逆反与抵触心理，最终德育教育的实效性也不高。而在新媒体背景下，存在各种形式的传播方式以及传播媒介，所承载的信息资源纷繁复杂，而这些信息资源又融入各种不同的表现形式之中，如视频、动画、图片以及音频等。高校德育教育工作者在运用新媒体实施德育教育时，可以借助新媒体丰富多样的形式，来丰富教育的形式和内容，激起学生学习的兴趣和主动性。

因此，高校德育教育工作者通过借助新媒体的力量，提高了高校德育教育的吸引力及感染力，引起学生学习的兴趣，同时也大大增强了高校德育教育工作的新合力，使学生更加易于接受，从而提升高校德育教育工作的吸引力。

（五）新媒体创新了高校德育制度管理的模式

制度环境属于高校德育环境建设的保障，严格的制度环境对于物质环境、知识环境以及人际环境的有序和高效开展具有重要的作用。高校传统的制度环境具备明确的规章制度，对大学生的日常行为进行了规范，然而整个制度环境表现出强制性以及标准化的特点，并且德育制度的制定出发点是为了维护校园的秩序，并没有考虑大学生的综合培养，这种制度的制定也没有学生的参与，缺乏公开化和民主化，学生只能是被动接受，因而这种制度的制定和实行很难取得实效。在新媒体时代背景下，大学生的自主意识、创新意识以及参与意识能够得到更好的体现，所制定的德育制度也能为学生所接受。因此，为了保证校园环境的人性化以及自主化，德育制度环境应当实现有效的变革，实现管理模式的不断创新。新媒体的出现和运用为制度环境的变革以及创新提供可能和保证。

二、在新媒体背景下高校德育存在的机遇与挑战

（一）在新媒体背景下高校德育存在的机遇

在网络迅速发展的现代，逐渐打破了高校教育的垄断模式，也逐渐打破了教师的知识垄断，网络不仅营造了高校教育的一个新的社会环境，而且营造了新的受教育主体。新媒体是新时代的产物，是大学生较喜欢的一种新技术，新媒体的出现为教育者提供开展教育的一个机遇。在出现新媒体后，高校通过网络、手机电视、移动电视等媒体开展德育工作，新媒体以其方便、灵活、生动的优势赢得了大学生的喜爱，激发了大学生学习的激情，因此，新媒体的出现较大地提高了高校德育的时效性。

目前，为了在新媒体环境下顺利开展大学生的德育工作，可以通过研究大学生的自身特点，使得大学生身心健康全面发展，避免大学生的片面发展。从大学生的自身特点出发，充分调动大学生的积极性，充分利用大学生的自身潜力，增强德育的效果，进而增强大学生的自身素质。随着科技的发展，新媒体逐渐融入了人们的生活，对大学生的教育工作起到至关重要的作用，在如今这个新时代，提升大学生德育水平及推动高校德育建设的途径

是多方面的，新媒体时代背景下为高校德育建设所提供的重要机遇，主要概括如下：

1. 新媒体为高校德育提供了更加广阔的平台

高校德育工作在一定程度上就是获取信息、选择信息、传播信息的过程，高校教育的基础就是获取信息。新媒体由数字技术、移动通信网络和计算机网络形成广大的网络体系，其优势是信息容量较大、资源较丰富、传输速度快、覆盖面较广、形式具有多元化等特点，高校德育的渠道较多，能够丰富高校德育的教学资源。"传统思想政治教育由于受各种条件的限制，搜集的信息有限，只能从报纸、杂志、书本及亲身经历中寻找素材，内容滞后，缺乏说服力，难以达到预期的效果。"继报纸、广播、电视等媒体而出现的新型媒体是新媒体，能够及时、大量、交互地将大量信息传播出去，信息传播的时效性较强，可以连续报道，广泛收集相关的信息，提供较多的信息形态，具有其他媒体所没有的优势，与其他传播技术和工具相比，取得了突破性的跨越。高校德育工作者借助新媒体资源，吸收人类文明的一切成果，在此基础上进行借鉴和创新。新媒体在使用时具有不受制度、体制和其他烦琐程序制约的优势，能够大量、正确地传播信息、理论与政策，能够从根本上改善教育方式和手段、工作场合、对象和信息获取以及传播方式，为高校德育工作提供广阔的理论与实践渠道。

2. 新媒体拓展了大学生思想政治教育的时空

在新媒体出现以后，大学生的思想政治教育的方式有所改变。手机短信、网络论坛、博客等新媒体形式以其灵活的形式，逐渐成为一种崭新的高校德育教学的载体显示出其独特的优势。新媒体能够方便、快捷地发布具有个性化的信息，能够在最短的时间内通过文字、语言、图片等方式，将教育的内容快速地传授给受教育者，使德育工作能够顺利地进行。在新媒体出现后，大学生没有必要通过传统的方式在规定的时间接受教育，可以通过手机电视、网络等新媒体形式，在任何地方、任何时间接受所需要的知识教育，传统的思想政治教育的弊端得以改善。新媒体环境下，大学生的思想教育工作可以通过开展讲座使所有的学生都可以观看、学习，同时还可以在网上展开一个有关大学生思想教育的活动，鼓励大学生积极参加到活动中去，发挥网络的思想教育的功能，满足大学生的思想需求，更好地开发大学生思想教育的资源。因此，这些新媒体出现对大学生的思想教育工作带来了巨大的影响,这些影响是巨大的、深远的,我们应该积极利用这些新资源,最大限度地发挥新资源的作用。

3. 丰富了大学生思想政治教育的资源

随着新媒体在我们生活中普及,大学生思想政治教育资源越来越丰富,我们社会各界、相关的领导部门以及各个高校在大学生思想政治教育中所做的努力较多,取得的成果也较多,使大学生的思想政治教育取得了前所未有的成绩。

新媒体的先进技术丰富了高校德育的教学资源。在新媒体时代,高校德育可以通过网络、手机电视等形式被更多人学习。高校工作者也可以利用新媒体的平台宣传国家的政策,大学生可以通过学习国家的相关政策,丰富了高校德育的内容。

新媒体时代是全球信息资源共享的时代,高校德育工作者可以借助新媒体的便捷性、交互性收集来自不同国家、不同地区、不同文化背景的德育资源,实现全球的德育资源共享。另外,新媒体信息的更新速度较快,德育工作者可以更快地获得最新的教育资料。新媒体的出现使得本来狭窄封闭的德育工作空间转变成开放的、全世界性的教育空间。新媒体的音频、动画等技术使得德育工作的理论体系变得更加形象生动,较大地增强了高校德育的新颖性。新媒体信息更新速度较快,新媒体的使用,可以使高校德育工作者在最短的时间内完成德育内容的收集以及筛选,借助新媒体,选择时代性较强的德育内容,提高了大学生思想政治教育的工作效果,体现了时代的要求。

4. 增强了大学生思想政治教育的吸引力

以往大学生的思想政治教育工作主要是通过向大学生灌输理论工作,但是由于其枯燥乏味导致思想政治教育工作效果并不理想,但是新媒体的使用使得大学生思想政治教育工作变得更加有吸引力。新媒体是一种有较大感染力的信息传播工具,利用新技术可以快速、便捷地与外界进行思想交流,改变传统的单向信息交流方式,进入双向甚至多向的信息交流方式,极大地调动大学生学习的积极性,使得大学生的思想教育转变为大学生的主动学习过程,改变传统的知识灌输的形式,转为现在自由提高的形式。

我们对新媒体的有意识的使用,使得大学生的思想政治教育变得更加地生动、有趣。新媒体的使用,使得我们可以利用的资源越来越多,因此,大学生的思想教育工作应该充分利用新媒体这一资源，我们应该充分利用新媒体来达到大学生的思想政治教育的目标，以此提高政治教育的感染力和吸引力，提高大学生学习的积极性，提高大学生的思想政治素质以及能力，提高自己的道德素养。

5. 新媒体提高了高校德育工作的实效性

提高高校德育工作的实效性的前提条件是有针对性地开展德育工作。高校德育工作者必须了解大学生，熟悉他们的思想和心理特点，根据大学生的自身特点开展德育工作。新媒体具有虚拟性，利用新媒体给大学生营造了一个虚拟的世界，改变了高校大学生原有的交往方式。在人际交往中，他们可以拒绝提供个人的一些重要信息，例如性别、年龄、相貌、职业等。新媒体在人际交往中，缩短了人际交往的心理年龄，减少了人们的心理防范，为高校德育工作者展开德育工作提供了便利。在新媒体环境下，高校德育工作者和学生的交往是通过符号进行的，双方均不知道交流对方的身份，可以很好地保护使用者的隐私。在这种受保护的平台上，大学生可以毫无顾忌地将自己内心的想法等倾诉出来，实现大学生的心理倾诉。另外，新媒体可以为高校大学生和外界搭建一个更好的桥梁，通过新媒体将自己遇到的困难传达出去，得到社会更多人的帮助。

新媒体这种虚拟的交往方式，有利于高校德育工作者有效地掌握大学生的内心想法，双方可以通过网络聊天、论坛等方式进行交流，有助于将自己内心的形态传播出去，真正达到畅所欲言。使用者还可以通过评论的方式发表自己的意见，及时将评语传达给学生，解决大学生的困惑并且帮助学生解决问题。因此，德育工作者可以通过新媒体了解学生的内心想法，掌握学生心里的想法以及思想规律。此外，新媒体改变了传统德育单调的灌输模式，教学更直观、方式更灵活、形式更新颖，更能迎合受教育者的心理，大大提高了德育工作的针对性和实效性。

（二）新媒体背景下高校德育存在的挑战

如何正确认识新媒体所带来的挑战，是高校德育工作必须予以重视的关键问题。

1. 新媒体对高校德育工作者的媒体素养提出新要求

对大学生来说，各种新生事物都将能勾起他们强烈的兴趣和好奇心，他们也是最早开始接受以及运用新媒体的人群。与之相比，德育教育者由于受到传统教育模式的影响导致其对新媒体的意识淡薄，知识技能水平相对较差以及观念守旧等问题。新媒体本身所具有的时效性及便捷性，打破了传统德育信息的垄断以及进行分级传达的方式，最终引起德育工作者的权威性降低和弱化，引起学生出现充耳不闻以及教而不服等弊端。此外，经济全球化趋势加深，也引起文化出现多元化，借助新媒体形式的传播，各种信息资源接踵而至，高校学生可以通过不同渠道及途径进行相关信息的了解和掌握，学生将不再拘泥于课堂上的德育教学。新媒体的出现使得学生可以在众多公众平台上发表自己的观点和看法，诸如电子论坛、微博以及贴吧等，这些将会对高校德育工作者提出更高的要求，教育工作者需要不断提升自身的媒介素养，特别是对新媒体形式及功能的了解和运用提出了更高要求。高校德育工作者对新媒体技术的掌握、了解以及运用的能力将直接决定高校德育工作实效性的高低。

2. 新媒体的虚拟性容易引发部分大学生出现人格障碍和认知偏差

新媒体自身具有虚拟性以及广延性，而以其为载体来进行传播的内容信息可能本身就是虚拟的，在现实社会中是不存在的，很多信息资源的上传者无法进行追踪和检查，这就极大地拓展了人们行为活动的空间，但这种比较自由的空间也不可避免会出现很多问题以及不良影响。大学阶段是学生的人生观、世界观以及价值观从形成到成熟的关键时期，这一阶段的学生具有较大的可塑性，他们没有成熟的辨别是非曲直的意识和能力，新媒体环境自身所具备的特点，导致他们经常会感到迷茫和无助，使他们很难分辨出真假、虚拟及现实，容易对他们在心理上造成较严重的阴影，这对他们的成长和成熟将会带来极为不利的影响。

新媒体具有显著的虚拟性以及互动性，诸如微信、微博以及博客等，在这些平台上信息资源的传播者可以匿名发表某些看法和观点。在新媒体时代背景下，高校学生在心理上存在很大的自由放任度，一旦踏入虚拟的界域，将会沿着虚拟的道路越走越远。处于新媒体的虚拟领域内，许多高校学生由于缺乏正确的媒体道德意识以及法制观念，因此对于媒体规范和道德表现出漠视的态度。在新媒体的虚拟环境中，大学生的言行与在现实中的表现存在极大的不同，这样长期下去必然会导致大学生出现双重人格或者多重人格现象。

3. 新媒体时代背景下德育教育主体地位的缺失

（1）教育者主体地位的丧失

在传统的德育教育过程中，教育者相对来说是处于一种信息优势以及经验优势的地位。因而在教育过程中，教育者的权威能够比较容易树立，教育者也能够比较容易获取受教育者的尊重和信任。在德育建设中，教育者能够表现出更为明显的主体地位以及主导作用，道德教育的工作也能更容易地通过教育者的设计以及引导进行有效的开展。

（2）学习者主体地位的丧失

随着新媒体时代的到来，教育者逐渐丧失主体地位，此时受教育者的主体地位应当逐渐建立和巩固，但实际情况却不然，学习者作为受教育者，其主体地位并没有构建起来，而是表现出一种"主体"缺失的现象。这主要表现在以下几个方面：

①主体的符号化：在网络环境中人们已经不再习惯将姓名、职业或者年龄等来作为自己的特征，而是倾向于将一个昵称、虚拟头像或是一串数字符号来表示自己。像这些在网络环境中被赋予特定信息的符号是与现实生活中的人一一对应的。

②人格特点的虚拟化：随着网络技术的不断发展，互联网所表现出的虚拟环境变得越来越真实，也更加具有吸引力。网络教育的学习者通常是借助符号化了的主体形象进行参与，这对于现实生活中所具有的鲜明的人格观念以及责任观念是放松的和自由的，这将导致出现传统的伦理道德在虚拟的网络环境中很难发挥出诸如在现实社会中所应有的约束、引导以及规范的作用。

③责任的自我豁免：在互联网环境中所出现的各种谎言、偷窃以及欺诈行为，这些责任人或是发起者在一定程度上与传统意义上的社会关系以及社会实践避免了接触。在这样的背景下，这些行为人便可以随意地对他所接受的伦理规范进行解释，并用以作为自己行为的辩护。

4. 新媒体信息的纷繁复杂导致大学生迷失自我

新媒体所传播的信息资源纷繁复杂，各种信息之间鱼龙混杂，造成受众主体难以进行信息的筛选，引起大学生迷失心智，失去自我。从总的层面来看，由于网络主体缺乏具体的限制及选择，这将引起网络信息的上传者也是鱼龙混杂，所上传信息的真伪也不能准确地查起，从而造成不利的影响。由于各种信息之间鱼龙混杂，导致大学生处于进退两难的境地，在信息的筛选中出现偏差。正是由于大学生这种缺乏明辨是非的能力才会引起各种不法分子以及敌对势力乘虚而入，带来一些消极的负面信息，严重影响大学生的身心健康。新媒体信息的纷繁复杂，一方面会导致大学生对信息筛选的难度增加，另一方面也会导致大学生的人格认知出现偏差，从而迷失自我。

总的来说，通过对大学生运用新媒体的现状以及对大学生的德育教育运用新媒体的现状进行分析，我们可以看出新媒体对大学生的德育教育来说，一方面提供发展的机遇，另一方面也在一定程度上为德育教育的发展带来巨大的挑战。

第三节　新媒体背景下推动高校德育建设的对策建议

德育在学校教育中处于十分重要的位置，是整个学校教育核心和灵魂，德育与众多教育成分，如智育、美育以及体育等之间彼此联系、相互渗透，共同促进学生综合素质的培养和发展，促使学生健康成长。因此，应当对德育教育予以高度的重视和关注，将德育教育的一系列工作放置于学校工作的关键位置。

新媒体好比一把"双刃剑"，一方面能够为高校思政教育带来很多发展的机遇，促进高校德育工作的进行；而另一方面又会阻碍德育教育的发展，为其增添难度，因而如何利用各种新媒体形式来有效扩展高校德育教育的方式和渠道、提升高校德育教育的实效性是一项值得关注的问题。在此次研究中，本文将从构建利用新媒体的高校思想政治教育平台、提升师生运用新媒体的媒介素养以及借助新媒体占领高校意识形态阵地等三个方面来讲述运用新媒体时代背景下如何推动高校德育建设。

一、构建利用新媒体的高校德育教育平台

通过构建利用新媒体的高校德育教育的平台，极大地扩展高校德育教育工作的内容和

空间。借助新媒体多种传播媒介所具有的互动性以及广延性等特点，推动德育教育在很大程度上冲破了时间及空间的束缚，为高校德育教育提供广阔的教育平台和模式。

（一）完备设施建设，建立各种传播正能量的教育网站

例如，高校中都有自己的校园互联网络，某些学校在进行新校区的建设与规划中，通过对校园网络设施精心的制定和设计，保证网络形式的各种新媒体所依赖的硬件设施能够全方面覆盖学校的每一个区域，使得学生在学习和生活中都能接触到新媒体；学校在进行硬件设施完善以及升级的同时，应当不断加强对各软件的建设和引用，形成以校园广播、校园主题网站为主导，以学院学生网站作为支撑、各类型专题网站为补充的、相互交织的校园德育教育严谨完整的网络体系，以此向广大学生进行德育教育。

高校应当站在加强德育教育的高度，秉承为学生服务，提升学生德育水平的原则，借助新媒体力量不断完备设施，构筑各类型教育网站，引导并教育好高校学生。

（二）丰富德育教育平台内容

网络即时工具，包括QQ、微信、微博等具有便捷、覆盖面广泛以及互动性强等特点，高校应当善于运用各类型网络即时工具，充分发挥其功能，开展德育教育工作。网络即时工具的这一系列特点一方面能够极大地缩短教育工作者与教育对象之间的距离，消除彼此之间的心灵隔阂，另一方面能够有效地避免传统德育教育工作中出现的"一对一"教育的缺点，出现"一对多"的高实效性，还可以借助网络来实现跨地域教育和沟通，从而有助于教育工作者能够及时对学生的动态及基本信息进行了解和掌握，解决由于传统教育模式所不能涉及的区域。

借助网络来建立网络学生组织，可以通过建立网络班级、网络团支部以及网络党支部等网络组织形式，引导并教育学生发挥自我的"三自作用"。教育模式的不断变化，使得学生学习以及职业生涯规划的自主性不断加大，学生能够根据自己的兴趣及爱好进行选课，这在一定程度上打破了传统教育中的按照专业进行分班的模式，学生的传统分班制度和观念也变得更加淡化，此时再依据传统班级的理念和制度进行分班和组织活动会存在很大难度，但是在新媒体背景下，借助于网络就可以为学生进行重新分班，可以建立不同形式的网络组织以及网络班级来划分学生群体进行组织活动，从而为德育教育工作者提供了一个

新的网络空间。

  引导学生建立属于自己的网络博客。博客是一种新兴的网络交流平台，其可以进行文学交流、交互评论以及工作娱乐等内容，因而吸引了众多网络爱好者的参与，近年来许多高校学生也纷纷建立自己的网络博客，并将其作为自己与外界进行思想交流以及展示自我的载体和平台。学生可以借助博客来记录自己的成长历程、发表意见以及抒发感情，博客已然成为众多学生进行思想交流的阵地。因而高校德育教育工作者应当能够充分认识到博客的广泛性和影响性，借助博客来了解学生的日常生活动态以及心理波动起伏，及时发现并解决学生在博客上所表露出的各种困惑和问题。

（三）构筑高校德育教育的校园互动平台

  互联网时代的到来，逐渐催生出各种新媒体形式。高校是一个人才济济的地方，应当构筑覆盖全校的校园网络，从而借助网络来推动高校德育建设。各种类型的网站、网页借助网络新媒体诸多形式进行互动已经成为高校教育内容的极其重要的传输力量，不断影响着学生的思想行为。构筑高校德育教育的校园互动网站，保证校园网络全方位覆盖学生的学习和生活，并不断促进学校德育教育的实质性和进程。

  第一，高校应当构筑高校各院系的德育教育网站以及教育论坛，从而建设校园网络教育的平台；第二，校园互动网站的构建应当秉承服务学生、引导学生的原则，一切围绕学生，推动德育教育工作的开展；第三，教育工作者在借助校园网络施以德育教育工作时应当特别注重网站的形式，尽量运用学生易于接受的内容和形式；第四，不断引进新型技术来推动校园网站建设。

二、构建高校主流意识形态的新媒体阵地，努力提高师生运用新媒体的能力

（一）坚持高校主流意识形态的新媒体阵地

  在新媒体背景下，高校意识形态教育及安全建设场所、环境正发生着重大的变化，日益表现出活力强、传播快、内容新、范围广以及影响大等一系列特点。借助于网络而迅猛发展起来的各种新媒体形式，包括网站、微信、微博、QQ以及贴吧等，已成为影响人们

生活方式最为深刻,也是最为广泛的强势媒体,这在一定程度上为高校意识形态的教育扩展了时间和空间,提供了新的平台和载体,也已逐渐成为新思想、新文化的宣传以及政治斗争的主要阵地,借助新的信息载体以及传播方式能够引导并整合多样化的社会思潮,便于对高校意识形态的教育模式和渠道进行强化,但同时也给高校意识形态的安全产生了较为强烈的冲击及挑战。

第一,应当不断加强高校意识形态安全的监管以及完善相应的制度保障。高校在网络意识形态教育以及监督管理的过程中要具备全局意识、创新意识、政治意识、法律意识、科学意识以及防范意识,能够准确把握国内外的意识形态发展,巩固思想防线,用发展以及辩证的思维来解决问题。充分运用新媒体的力量进行高校意识形态教育和宣传,建立健全科学严谨的舆论引导机制,网上舆情的分析研判机制以及校园网络安全相关评估机制,加强对高校意识形态的引领,占领高校意识形态阵地,完善信息沟通以及理论学习相关制度,学校党委宣传部门以及相关部门组织成立有关网络舆情的监控中心,主要针对高校内部微信、微博、博客等新媒体的监管,从而对校园网络实施严格的把控和监管,使得高校意识形态能够安全运行。

第二,学校应当构建与大学生认知方式和特点相契合的网络宣传及教育体系。高校应特别注意占领大学生通用新媒体舆论的制高点,运用网站、微博、微信、QQ以及博客等各类型的网络宣传平台,来弘扬及宣传社会主义的主流价值观。但是在实际的宣教过程中因为有较多的参与者,人们价值观念的多元化,其动机又较为复杂,一些难以辨别的信息将会导致权威声音以及主流媒体对主流价值观的宣传。因此,高校相关领导干部以及从事德育教育的队伍应当具备敏锐的政治嗅觉以及高度的社会责任感,能够将社会主流价值观的大旗高高举起,及早占领新媒体的思想舆论阵地的制高点,充分了解大学生这个特殊群体的普遍需求以及思想动态,然后采取大学生能够接受的方式对其进行宣教和引导。

(二)提高师生运用新媒体的能力和媒介素养

媒介素养指的是一个人对新媒体的认识、评判以及运用的态度和能力,主要是指人们对于各种媒体信息的综合能力,包括选择能力、理解能力、质疑能力、评估能力、创造能力以及思辨性反应能力等。教育者以及受教育者运用新媒体的媒介素养将会对新媒体作用及功能的发挥产生直接的影响，因此，高校德育教育的双方都应当注重媒介素养的教育和培养。

1. 提升高校学生运用新媒体的媒介素养

互联网时代的到来，对人们的生活方式产生很大影响，对于高校学生来说，其作为受教育者，处于新媒体时代已经不再局限于对信息的被动接受，他们往往可以借助各类型的新媒体所搭建起来的新平台，较为自由和主动地读取自己感兴趣以及所需要的信息。但是也必须注意到新媒体的两面性，一方面这种开放的媒介环境，会对大学生的成长和生活带来积极的影响，另一方面也可能会误导学生，产生不良的影响。大学阶段是学生世界观、人生观以及价值观趋于成熟的黄金时期，是大学生提升媒介素养，正确对待和处理繁杂的媒体信息的最为关键的时期。因此提升高校德育教育的实效性，应当加强对高校学生的新媒体素养的培养，最大限度地提升其自主运用新媒体来获取知识、判断以及甄别知识的能力。

2. 提高教育工作者运用新媒体的媒介素养

在新媒体背景下，高校的德育教育工作者担负着大学生德育教育的重任，因而其媒介素养水平对于大学生德育教育至关重要。各种形式新媒体的出现打破了传统教育的制度和模式，学生可以借助于网络对知识进行提前预习，有助于理解和掌握，这是学生学习方式的改变，可以说是质的飞跃，因而作为高校德育教育工作者要不断加强新媒体媒介素养水平，学习各种多媒体形式的运用，将所要教授的知识借助新媒体形式传播出去。在新媒体背景下，高校德育教育工作者一方面要具有政治思想道德素质以及扎实的专业能力，还需要具备借助新媒体来进行德育教育获得的能力以及媒介素养。

首先，教育工作者应当不断加强对新媒体相关理论的学习。理论是进行实践的前提和基础，只有具备系统及扎实的新媒体理论才能将新媒体形式运用到高校德育教育工作中去。新媒体形式多样，不同的新媒体形式所具有的功能及特点也不尽相同，高校德育教育工作者应当全面了解不同新媒体各种功能特点，灵活运用各种新媒体形式，根据教学内容运用合适的新媒体，具有针对性地开展德育教育工作。

其次，应当不断强化对新媒体技能的学习和运用。在当前情况下，高校德育教育工作者对新媒体的功能和特点的掌握程度还不高，不能将新媒体有效地运用到实际教育工作中，而高校德育教育工作者对新媒体的掌握程度将直接影响着高校德育教育的质量和进程，因此应当不断加强对德育教育工作者运用新媒体的能力和水平。高校德育教育工作者在进行新媒体素养培养的同时，还应当注意到新媒体是持续发展的，其功能和形式也在不断变化和更新，高校德育教育工作者对新媒体技能的学习应当紧跟新媒体的发展及时了解和掌握最新的情况，积极主动地学习。

三、依托新媒体完善高校管理措施

在新媒体时代背景下，完善对高校德育教育的管理是进一步增强德育教育实效性的关键措施和重要保障。如果没有有效的监督和管理，大学生的德育教育将会变得松散而不具实效。高校德育教育工作者应能够依据德育教育的根本目的及任务，充分发挥新媒体的各种形式及其功能，对高校德育教育体制施以有意识的调节及整合，这对于增强高校德育教育的实效性是非常关键的。

（一）健全高校德育教育的有关信息监管与控制机制

网络本身并无国界以及地域的区别，开放性以及虚拟性是其根本特征。互联网上所传播的信息资源不仅数量广而且内容也是多样的。但是在对互联网进行运用和浏览时应当遵从一定的规则，因此大学生在进行互联网搜索以及浏览信息时也必须遵守既定的规则。在高校德育教育的具体实践中，应当加强对大学生运用互联网的方式和目的进行监管，以确保德育教育的实效性。

第一，教育工作者要借助技术手段，加强对校园网络的监督和管理。学校应运用高新技术严格把关学校网络连接的出口，通过引进和运用高新的网络技术手段，对学校网络的服务器进行改进，严格筛选校园网进行直接关联的一些社会网站，保证学生浏览网站和信息的健康安全。

第二，要不断加强有关制度的建设，对网络信息监管行为进行规范和调整。在新媒体背景下，切实规范高校的网络监督行为以及提高监管力度，增强高校德育教育的实效性。

(二)建立新媒体背景下的高校德育教育相关评价体系

在新媒体背景下,依照社会对大学生德育教育的相关要求以及高校德育教育所评估对象的具体情况,在进行合理分析的基础上对高校德育教育的实效性施以实事求是的评估和分析,从而保证德育教育能够有效地调整,切实提升高校德育教育的良性循环以及有效性。

在新媒体背景下,高校德育教育的主体以及客体都发生了比较大的变化,与传统的德育教育主体相比,网络环境中的德育教育主体以及内涵都发生了较为深刻的变化,但应充分认识并主动适应这种新的变化,这是深入推进和发展网络德育教育的新起点。这对新媒体背景下德育教育的相关评价也产生了较为巨大的影响。

(三)制定制度并加强监督,建立健全借助新媒体力量来开展大学生德育教育的相关防、控、导体制

为了保证德育教育的实效性,高校应不断加强监督管理,完善体系制度,在源头上规范德育教育的形式和内容,建立健全完备的针对学生的防、控、导体系,具体包括:

首先,关注网上信息资源的收集和分析,加强对网络的监控,确保网络安全。学校各相关部门应借助网络来了解学生的日常生活以及思想动态。成立相关的监督小组对网络施以严格的监控,加强对网上信息资源的收集、分析以及管理。学校应制定并实施信息资源的发布及审批制度,掌控好网络信息处理,保障网上信息安全。

其次,契合开放化的文化内容和特点,积极引导高校学生形成正确的"上网观"。在纷繁复杂的网络世界里,不同类型的文化形态以及价值标准相互充斥,这些繁杂的内容能够满足大学生不断变化以及多层次的需求,而网络所具备的平等性、交互性以及虚拟性等特点往往能较好地与大学生的心理需求相契合,此时高校应当契合这种开放性的文化内容和特点,积极引导高校学生形成正确的"上网观"。

最后,学校应当积极推动网络伦理道德的建设,发挥伦理道德对学生的约束作用。在新媒体背景下,网络道德属于社会主义道德体系中一个非常重要的组成部分,其没有规定的法律效力,但是缺少网络伦理道德将会对社会主义精神文明建设产生消极的影响。所以,高校应当将网络伦理道德教育当作是社会道德教育的一项至关重要的内容,向学生积极开展网络伦理道德教育,通过教育来提升学生的自我约束,共建网络文明。充分发挥舆论的

道德评价体系和功能，用舆论的压力对网络中存在的不文明以及不道德现象予以谴责，逐步建立健全网络道德规范体系，规范大学生的上网行为。

站在挑战及机遇并存的时代前沿，作为从事思想政治教育的德育工作者来说，应该积极地迎接挑战，把握机遇，努力构建借助新媒体力量来开展大学生德育教育的高效机制。在新媒体背景下，借助互联网而发展起来的各种传播媒介在高校进行快速的推广和普及对高校学生产生了极为广泛和深刻的影响。在对高校学生的生活、学习以及思想等方面带来积极影响的同时，也带来不容忽视的负面影响，也对高校德育教育的实效性带来了前所未有的影响，这样就给高校德育教育工作者提出了新的任务以及新的课题。因此，对高校德育教育的工作资源进行整合，建立健全相关监管机制，推动高校德育教育方式以及方法的创新，对提升当前高校德育教育的实效性的相关对策以及措施进行系统的思考，是当前高校德育教育工作值得关注的重要课题。

第六章　传统文化与高校德育教育的融合

第一节　中国传统文化与德育教育相融合的必要性

一、德育教育自身发展的内在要求

我国德育教育应该而且必须尊重中华民族历经数千年延传下来的文化传统、行为方式、思维习惯以及价值取向等，批判地继承、吸收并融合具有鲜明民族特色的中国传统文化。只有这样，正确的指导方向才能真正中国化，我国的德育教育事业也才能在正确的基本原理和基本方法的指导下，得到进一步的创新发展。

在我国，德育教育作为一种教育实践活动，其根本目的是提高人的思想道德素质，促进人的全面自由以及自主发展。人的全面自由发展，自然而然地包含了文化素质的要求，因此，德育教育离不开对文化的关注。中国传统文化作为一种崇德行文化，在长期的历史发展过程中汇总形成了文化化人和文化育德的优良传统，使其自然而然地成为德育教育重要资源的来源之一。因此，我国的德育教育要进一步发展创新，就必须重视其文化性，必须从中国传统文化中有选择地汲取更加丰富的教育资源。换言之，中国传统文化与德育教育相融合，是德育教育自身发展创新的内在要求。

二、文化自觉与文化自信的要求

所谓"文化自觉"，是指生活在一定文化中的人对其文化有自知之明，明白它的来历、形成过程、所具有的特色和它发展的趋向，不带任何文化回归的意思，不是要复旧，同时，也不主张全盘西化或全盘他化。换言之，即是文化的自我觉醒、自我反省、自我创建。所谓文化自信，则是指一个国家、一个民族、一个政党对其自身文化传统和内在价值的充分肯定,对其自身文化生命力的坚定信念。

因此,对数千年来世代延传下来的中国传统文化能否进行客观的评价、认识和科学合理的扬弃,关系着中华民族文化自觉的真正实现与否。那种轻率地对中国传统文化全盘否定或异化的态度与做法,无异于对我们自身文化血脉的莽撞割裂,很容易造成中华民族的文化断层或文化无根现象的产生。当前,我国德育教育的重要任务之一,就应该是在正确的方向指导下,按照取其精华,去其糟粕的原则,充分肯定中国传统文化的内在价值,坚定中国传统文化的自信心,努力挖掘中国传统文化的当代价值,不断包容借鉴其他外来文化中的精华,并将其吸收内化,使中国传统文化和现代德育教育优化整合,从而实现中国传统文化的现代转化和创新发展,进而真正实现文化自觉与文化自信。

三、形成和发挥文化软实力的基本保证

文化软实力是指一个民族、国家或地区的文化影响力、凝聚力和感召力,是国家软实力的核心因素。这是因为,文化作为一个国家的灵魂或血脉,凝聚着这个民族对世界和生命的历史认知和现实感受,积淀着其最深层的精神追求和行为准则,并承载着整个民族自我认同的核心价值取向。就一个民族或国家自身的发展来说,文化软实力主要表现为一种精神上的整合力,它有利于国家凝聚力的形成和民族性格的养成,有利于促进民族团结、国家统一、政权巩固和文化自信。因此,作为一个由56个民族组成的统一的多民族国家,加强对五千年来绵延发展而从未中断过的中国传统文化软实力的开发和建设,充分发挥其对全国各族人民的思想教育和价值引导作用,就显得尤为重要。因此,中国传统文化软实力要最终实现其对外的亲和力、渗透力,以及对内的凝聚力和塑造力,则必须通过思想教育和引导的方式来进行和完成,中国传统文化和德育教育的有机融合正是中国传统文化软实力得以形成和充分发挥的基本保证。

四、探索德育教育新路径的必然选择

德育教育具有文化属性,需要以文化为依托。中国传统文化与德育教育相融合,是应对目前德育教育存在的困境,探索德育教育新路径,提高德育教育实效性的必然选择。当前,在全球化时代背景下,多元文化并存态势越来越明显,大学生的价值观念、思维方式和行

为方式都较以前发生了剧烈的变化,这对高校德育教育提出了严峻的挑战。

一方面,目前,我国大部分高校的德育教育主要还是通过课堂教学来进行,而且在德育教育课堂教学过程中,教学内容单薄枯燥,授课模式单一简单,往往采用社会学、心理学等学科方面的知识与技术,表面化和浅显化地临时解决问题,而对中国传统文化的挖掘和运用不够重视,即使运用中国传统文化为依托,也大多停留在机械融合或单纯说教式的灌输层面,没有深入考察中国传统文化的实质内涵、时代背景、阶级立场等因素,这些都使得中国传统文化在德育教育中的运用和渗透非但没有达到预期效果,甚至在某种程度上淡化了学生的民族自信心与自豪感,削弱了中国传统文化在德育教育中的重要应用价值,德育教育的有效性也大打折扣。

另一方面,当前在全球化时代的背景下,多元文化交流频繁,并存态势日趋明显,各种价值观论调不可避免地对大学生的生活态度、思想观念产生严重影响。很多学生既没有真正了解外来文化、思想、观念之精髓,又没有深刻领会中国传统文化、思想、观念之精髓,因此,在多元文化的碰撞中,他们的价值观极容易走向偏激或急功近利;在学习上,他们只重视能够谋生的课程的学习,而忽视精神层面的储备,对德育教育课程亦不屑一顾;在生活上,他们更愿意追求金钱与物质的利益;在精神上,他们则只考虑自己,不考虑集体和他人,缺乏对共产主义的理想与信仰,缺乏对人生目标的冷静思考,缺乏对良好的道德品质和人格修养的追求等。我国以往惯常以说教和灌输为主的德育教育模式,无法及时对这些问题提出行之有效的解决方法,而中国传统文化中的优秀精华,也因大学生对其了解与掌握甚少,而无法发挥其在德育教育中应有的积极价值作用。

因此,要真正发挥中国传统文化在高校德育教育过程中的价值作用,摆脱高校德育教育所面临的困境,我们必须具有高度的文化自觉意识,探索建立中国传统文化与德育教育有机融合的最佳机制。

第二节　中国传统文化与德育教育相融合的可能性

中国传统文化与德育教育在教育目标方面设置都直接指向人，指向人的思想道德素质的提高。同时，它们在目标的最终指向属性上都回归到政治属性上。这体现了二者目标的一致性。除了在目标设置与指向属性有着一致性之外，中国传统文化与德育教育在内容方面也存在着许多相通相合之处。而二者在教育模式方面的不同，则使二者有了很强的互补性。这些都为中国传统文化与德育教育之间相融合创造了重要的可能性条件。

一、价值观的契合之处

社会主义核心价值观是社会主义核心价值体系的内核，其基本内容包括：倡导富强、民主、文明、和谐；倡导自由、平等、公正、法治；倡导爱国、敬业、诚信、友善，积极培育社会主义核心价值观。

其中，富强、民主、文明、和谐，是我国在社会主义初级阶段的奋斗目标，体现了社会主义核心价值观在发展目标上的规定，是立足国家层面提出的要求。自由、平等、公正、法治，体现了社会主义核心价值观在价值导向上的规定，是立足社会层面提出的要求，反映了社会主义社会的基本属性，始终是我们党和国家奉行的核心价值理念。爱国、敬业、诚信、友善，体现了社会主义核心价值观在道德准则上的规定，是立足公民个人层面提出的要求，体现了社会主义价值追求和公民道德行为的本质属性。

社会主义核心价值观三个层面的要求也为我国的德育教育指明了方向，它要求德育教育必须在理念上进行全面的更新，体现在德育教育实践中，就是要以个人的发展需求为本，教育内容要以社会主义核心价值观为主导，教育方法要尊重个体差异，教育途径要吸纳隐性教育的优势等。

而中国传统文化作为中华民族历经五千余年的演化而汇集成的一种反映民族特质和风貌的民族文化，是中华文明的结晶，它源远流长，博大精深，形成了崇德善仁、贵和持中、进取包容、谦敬礼让、忠公重义、求真务实等内涵十分丰富的价值观念，这正是我国现阶段社会主义核心价值观的重要理论来源和发展动力之一。

可以说，中国传统文化所倡导的价值观念与我国当前的德育教育所倡导的社会主义核心价值观有着许多相契合之处，这也是二者之所以能够相融合的重要条件之一。当然，这并不是说，中国传统文化倡导的所有价值观念都是正确且适合我国现阶段的德育教育状况，因此，我们应该秉承批判与继承的态度来区别对待、使用它们。

二、目标的一致之处

我国德育教育的根本目的是提高人们的思想道德素质，促进人的自由全面发展，激励人们为建设中国特色社会主义、最终实现共产主义而奋斗。

这一根本目的包含两方面的内容：一是提高人们的思想道德素质，使人们具备良好的思想道德素质，如崇高的理想、优良的品德、强烈的事业心、责任感、坚强的毅力、严格的纪律等，这是我国德育教育的内在目的：二是促进人的自由全面发展，这是我国德育教育的终极目的。这两方面的内容构成了我国德育教育的根本目的，是德育教育的灵魂和旗帜，直接规定了德育教育的共产主义方向。

我国德育教育与中国传统文化在目标设置上都指向人，指向人的思想道德素质，都将对人的思想道德素质的培养和提高放在首要核心位置上。注重对人的美好的道德品质的培养和提升，则体现了二者在育人目标上的一致性。

此外，我国德育教育以共产主义为方向，不论是提高人们的思想道德素质，还是促进人的自由全面发展，都是为了更好地激发人们建设中国特色的社会主义，为最终实现共产主义而努力。这也表明了，政治属性是我国德育教育的根本属性。而中国传统文化也特别注重培养个人与家族、国家、社会的良好组织关系，强调"修身齐家治国平天下"。可以看出，中国传统文化培养"格物致知之诚意正心"之人的最终目的毅然回归到"治国平天下"的政治属性上来。因此可以说，我国德育教育与中国传统文化的教育目标最终都指向了政治属性，这也体现了二者在最终目标指向属性上的一致性。

三、内容的相通之处

从中国传统文化和德育教育各自所包含的内容来看，也存在着许多相通相合之处，二者之所以能相融合，与两者之间存在着的这种相通相合之处有着密切关系。

第一，中国传统文化中的"大同理想"，与德育教育内容中理想教育的共产主义理想之间存在着一定程度的相似之处。这种相似性的存在使中国先进的知识分子更容易理解和接受正确指导方向的伟大理想，从而促进了其在中国的传播。

第二，在中国传统文化中，朴素的唯物辩证法思想与德育教育中最根本性的教育内容也即科学的世界观教育之间亦有相通相合之处。德育教育中的世界观教育包括辩证唯物主义两个方面的内容。

而中国传统文化中则一贯重视"经世致用"，着眼于从物质生产条件以及民心向背的角度，来思考历史的兴衰更替，着眼于从人民的物质生活出发，来研究社会的道德与文明。由此可以看出，中国传统文化中的这些观点，其实与历史唯物主义的观点有着相通相合之处。

可以说，正是由于中国传统文化与思想道德教育内容之间的这种相通性，才使二者有了相融合的可能性，进而使德育教育得以在中国传统文化这一丰厚的历史土壤中不断地获得新的发展。

四、教育模式的互补性

德育教育的方法多种多样，有理论灌输法、实践锻炼法、自我教育法、榜样示范法、比较鉴别法、咨询辅导法等。其中，理论灌输法是德育教育最主要、最基本的方法。作为一门意识形态色彩极为强烈的科学，德育教育自然需要通过理论灌输法，来对受教育者进行理论教育。

第一，中国传统文化注重渗透而非灌输，强调"以文化人"，受中国传统文化影响而形成个性品质、思想观念、行为模式等。一旦形成就会内化、积淀、渗透于社会成员的灵魂深处，很难改变。

第二，中国传统文化注重引导人内心深处的自觉意识，引导人们通过"自省""内省""慎独"等内在自省的方式，来反思自己的思想和行为中的不足与过错，进而使人们在认识上达到真正的"知"，不断提升自身的道德修养，使自己不断接近圣人的道德境界。不过，以自觉内省方式来提高自身道德修养，最终是为了付诸道德实践。

第三，中国传统文化注重"知行合一"的道德践履而非空洞说教。可以说，"知行合一"正是我国传统文化经过长期的实践探索和理论总结所形成的极具特色的思想道德教育的方法论系统。

因此，我国现当代的德育教育应该借鉴和吸收中国传统文化所提倡和践行的这些潜移默化的渗透、自觉的内在自省，以及"知行合一"等教育模式，来改变我国现当代德育教育单一枯燥的教育模式，弥补我国当前德育教育模式的不足，引导全体社会成员积极主动、自觉地反思自身，不断提升自身的思想道德素质，培养自己良好的道德品质，提升我国当前德育教育的实效性。

第三节　中国传统文化与德育教育相融合的价值

一、有助于提高人们的思想道德素质和文化素养

我们知道，崇尚道德是中国传统文化的核心价值取向，崇德、重德、德教是中国传统文化几千年来的优秀传统。中国古代教育教学科目繁多，早在先秦时代就包括礼、乐、射、御、书、数六艺。然而，这种纯知识或技能的教育，并不是中国古代教育的终极目的。它通过对受教育者各个方面的教育与培养，意在培养德才兼备，不断接近达到理想品格之人。这种传统在中国整个古代社会一直延续下来而没有中断。可见，中国传统文化对道德的崇尚与对个人德行培养的重视。

将中国传统文化中优秀的德育思想不断融入德育教育，不仅有助于中国传统文化自身的发展，也有助于改变我国当前德育教育工作中过分偏重理论灌输的教育模式、受教育者消极被动等教育困境，有助于消除功利主义、享乐主义、拜金主义、个人主义等各种不良的价值观对人们的消极影响，有助于人们树立正确的人生观与价值观，提高人们的思想道德素质和人文文化素养。

二、有助于增强民族凝聚力和培养爱国主义精神

文化具有民族性，是维系民族团结和共同价值观念及生活方式的纽带。中国传统文化是中华民族在世世代代的生活环境中所创造出来的精神文化，是包括海外华人在内的所有中华儿女的精神支柱。由于共同的文化心理，每位中华儿女，不论何时何地，都对中国传统文化有着自然而然的亲切感和认同感。同时，这种文化认同感在一定的历史条件下，还可以调和国家或民族内部不同阶级、阶层和群体之间的对抗性矛盾。

此外，当国家或民族由于种种原因尤其是因为统治者腐败骄横而处于落后状态时，人们往往会对国家或民族团体产生失望心理和不满情绪，造成国家和民族的凝聚力下降，但是，由于共同的文化心理，绝大多数人，特别是有识之士，能很自然地将腐败者同民族、国家分离开来，从爱国的目的出发反腐败、除奸恶，而不会因社会的一时黑暗而抛弃自己的民族和祖国。上述这些，都是文化认同的民族凝聚力所在。

爱国主义一向是中华民族的优良传统，是中华民族生生不息、自立于世界民族之林的强大精神动力。继承和弘扬爱国主义优良传统，是对我们每一个公民的基本要求。

因此，在我国当前的德育教育中，加强中国传统文化教育显得尤为重要。充分发掘其中的德育教育资源，有助于我们弘扬传统文化中所具有的民族精神，有助于我们增强民族文化认同感，进而有助于我们树立民族自尊心和自信心，增强民族凝聚力，有助于我们继承和弘扬爱国主义优良传统，培养爱国主义精神。

三、有助于挖掘更加丰富的德育教育资源

崇尚道德，重视道德教化，以及其注重渗透、自觉自省与践履的道德教化方式，是中国传统文化一以贯之的重要特征。中国传统文化的这些特征，不仅使其具有了浓郁的"以文化人"的人文精神，而且使其在数千年的历史积淀中，在诸多方面都为我国当前的德育教育提供了丰富的教育资源。

首先，中国传统文化以对圣贤人格的追求作为道德教育的目标，着重培养人的道德品格和社会责任意识，引导人们向圣人、君子等理想人格看齐，从而不断地提升自己的道德水平和人生境界，进而不断接近甚至达到"止于至善"的道德理想。

其次，中国传统文化注重整体观念的培养，追求天人合一的自然观念，倡导自强宽厚、群体至上的民族精神和国家观念，秉持和而不同的社会及人际关系，践行开放融通的创新精神，强调诚信求真的道德品质，追求内圣外王的理想人格与人生取向等。

再次，中国传统文化注重言传身教。强调教育应该遵循身正为范、因材施教、循序渐进等基本原则。

最后，中国传统文化注重"知行合一"的道德教育方式。强调学思结合、向内自省、身体力行、追求"慎独"等基本的道德教育方法。

可以说，中国传统文化中蕴含着丰富的德育教育资源。因此，重新审视中国传统文化的价值所在，努力挖掘其中与德育教育相通相合的教育资源，正是中国传统文化与德育教育相融合的必经之路，反过来，中国传统文化与德育教育的不断融合，也有助于我们以更积极的主动意识去发掘中国传统文化中丰富的德育教育资源。

四、有助于拓宽德育教育的研究视野

德育教育学科自建立起，就一直笼罩着浓重的政治色彩，成为我国特有的一门应用学科。不可否认，德育教育为我国的社会主义事业发挥了巨大的政治功效。然而，分析其概念的内涵，我们知道，德育教育并非我国所特有，它是阶级社会普遍存在的一种教育实践活动，只不过在其他国家，它是以公民教育、国民精神教育、道德教育、文化教育等名称存在。不过在我国，长期以来，由于德育教育被赋予过于浓厚的政治色彩，其被限定在一个固定的框架内，人们只能用一种严肃的单一枯燥的话语系统来对其解读，而不能自由地多视角地对其进行审视与研究，这就使得德育教育的研究视野亦相当狭窄，德育教育学界也一度陷入沉寂僵化的状态。后来，伴随着中国社会的开放转型与快速发展，德育教育亦需要不断拓宽研究视野，以顺应时代发展的要求。

因此，将蕴含着丰富德育教育资源的中国传统文化融入德育教育，不断挖掘其中可利用的德育教育资源，有助于拓宽德育教育的研究视野，有助于人们从不同视角来对德育教育进行审视和研究，进而有助于改变其单一枯燥的话语系统和理论灌输说教模式，使其更好地适应时代和社会发展的要求。

五、有助于拓展德育教育学科的创新途径

一门学科想要有所创新发展,就必须借鉴其他学科的理论成果,与不同学科之间交叉渗透,以获得新的理论生长点。作为一门明确指向"人"的学科,德育教育本身就是哲学、教育学、心理学、伦理学、政治学、逻辑学、美学等多门学科交叉渗透的产物。德育教育要有所创新发展,就必须继续加强与其他学科的交叉渗透研究。作为一门综合性、实践性都很强的应用型学科,德育教育的根本任务是解决人的思想问题。

在我国,德育教育学科经过三十多年的建设发展,取得了巨大成就,为我国的社会主义建设事业做出了巨大贡献。然而,随着时代的发展,在当前经济全球化与信息爆炸化的背景之下,多元文化不断冲击着人们的头脑,人们的思想观念、认知水平以及价值取向等,都发生了重大变化,不再受制于传统被动的德育教育理论灌输与说教模式,更加注重个体的自由发展。这些变化都使德育教育工作增加了新的难度,对德育教育工作者和德育教育学科自身的发展提出了新的要求和新的挑战。

中国传统文化正是由于其自身对道德教育的推崇与重视,及其教育内容的丰富性、教育方法的渗透性等原因,而重新回到德育教育工作者的研究视野。因此,中国传统文化与德育教育互相交叉渗透融合,拓展了德育教育研究的新视角,亦成为德育教育创新的途径之一。

第四节 中国传统文化与德育教育相融合的原则和路径

一、坚持正确指导和批判继承的原则

(一)坚持正确的指导方向

我们必须坚持以正确的指导方向作为我国德育教育的指导思想,在中国传统文化与德育教育相融合的研究中,要正确把握中国传统文化与德育教育的内在关系,正确把握中国

传统文化在当代德育教育中的应有地位。应该说，对中国传统文化的研究，必须坚持以正确的指导方向为指导，二者之间是支援意识与主导意识的关系，我们在努力挖掘中国传统文化的德育教育资源时，必须将其中国传统文化视为德育教育理论的支援性资源，而不能本末倒置。

（二）坚持批判继承的原则

在探讨中国传统文化应该如何融入德育教育这一问题之前，我们有必要了解清楚中国传统文化与现代化之间的关系。对于二者的关系，传统文化与现代性的关系大体包括四个方面：一是契合性；二是冲突性；三是潜现代性或准现代性；四是后现代性。也就是说，在中国传统文化中，既存在着可以直接古为今用的德育教育资源，也存在着完全不适应当代德育教育需求的糟粕性内容，还存在着必须经过现代转化才可以发挥作用的德育教育资源。

因此，我们应当基于现代转化的视角，本着"取其精华、去其糟粕，古为今用、推陈出新"的原则，理性分析中国传统文化对于当代德育教育的价值。具体而言：

1. 坚持批判性原则

批判性原则是指对待文化不应该完全地接受或否定，而应该批判地继承。这也正是我们对待中国传统文化的正确态度。与世界上任何一种文化相同，中国传统文化，既存在精华也存在糟粕，中国传统文化中的优秀精华培育了我们的民族精神，而中国传统文化的糟粕也形成了我们的国民劣根性。因此，在中国传统文化与德育教育相融合的过程中，我们应该秉承"取其精华，去其糟粕"的批判性原则，对中国传统文化进行理性审视，在吸收、融合其优秀精华的同时，还要对中国传统文化中的糟粕进行认真的批判和清算，以消除其对人们的思想造成的不良影响，使其适用于我国当前的德育教育。相反，如果我们照搬中国传统文化而不对其进行理性审视，就可能将其中的糟粕内容也一并带入德育教育中，从而对德育教育的发展产生阻碍的作用。

2. 坚持创新性原则

中华文明之所以历经五千余年而绵延不断，正是由于中国传统文化自身所具有的包容与开拓的自我革新精神，它才能在与各种外来文化的不断冲突与碰撞中，借鉴、吸收其精华并将其内化于自身，使中国传统文化不断突破自身缺陷，从而完成自身的发展创新。而近代中国之所以走向衰败,也正是由于其闭关锁国的自我封闭,使其不能突破自身的缺陷,进而被同时期极富开拓扩张精神的西方文明所超越。因此,我国当前的德育教育只有不断地借鉴吸收中国传统文化,以及其他西方文化中丰富的德育教育资源,才能改变其自新中国成立以来的重意识形态说教而轻文化化育的缺点,改变其陈旧僵死的内容与模式,不断开阔其发展创新的新视野与新渠道。

3. 坚持适度原则

作为德育教育学科的研究方向之一,中国传统文化与德育教育研究是在诸多学科领域的交叉视野中进行的。我们在研究中必然要借用其他学科的理论成果,如中国哲学史、中国教育史中关于古代道德教化理论及其运行模式的研究,中国伦理学史、中国德育史中关于古代道德教育理论的研究,以及其他学科的研究方法,如对中国传统文化价值的解读方法等。但是,应当注意的是,这些学科的研究成果只是从方法论与研究内容上提供借鉴,并不能取代德育教育学科的独立思考。只有在研究中凸显德育教育学科的独特立场,才能够使得这一研究方向不至于被淹没在其他学科领域中无法脱身。因此,借鉴其他学科的研究成果或研究方法必须是适度的、有条件的,决不能把其他学科的研究内容照搬过来,或者用其他学科的内容来拼凑德育教育的内容。

4. 坚持渗透性原则

与强制灌输原则不同,渗透性原则强调了文化对人的熏陶感染,使人们在潜移默化中主动接受新的知识、技能或思想观念等,它有助于发挥受教育者的积极性和主动性。因此,在中国传统文化融入德育教育的过程中,就要注重渗透性原则在德育教育实践中的运用,让人们在潜移默化中培养良好的思想道德素质。

5. 坚持互补性与互容性原则

长期以来,我国的德育教育实践往往过分关注其意识形态功能,而忽视其文化功能,这就使得德育教育一直偏重于简单空洞的理论说教和意识形态的直接灌输,进而使其人文精神受到蒙蔽。中国传统文化的教育方式,则正好弥补了现代德育教育模式的不足,二者存在一定的互容性、互补性。二者的互容互补,有助于弥补我国当前德育教育模式的不足,引导我国德育教育模式等的创新发展,进而增强德育教育的实效性。

二、中国传统文化与德育教育相融合的路径

（一）将中国传统文化纳入德育教育范畴

我们有必要重新审视德育教育的文化功能，基于对德育教育文化环境的考量，促进德育教育的创新发展，必须将中国传统文化作为德育教育重要的资源来源之一，纳入德育教育范畴。在高校中开设中国传统文化课程，如讲授《周易》《诗经》《楚辞》《论语》《孟子》《大学》《中庸》《荀子》《韩非子》等中国传统文化经典典籍，并揭示其现代价值等，使学生在中国传统文化的熏陶下，不断提高自身的思想道德素质和传统文化素养，实现德育教育的育人目标。

（二）在全社会营造良好的中国传统文化氛围

社会文化环境通过融合在人们周围的各种教育因素，间接地潜移默化地影响人的思想面貌和价值取向，影响德育教育的内容和方式；同时，德育教育也需要社会大环境的支持和帮助，只有整个社会认同重视中国传统文化，才有中国传统文化与德育教育相融合的土壤和基础。以高度的文化自觉和自信营造全社会重视传统文化、发展传统文化的良好氛围，是时代的呼唤，也是全社会的责任和义务。

人们应该吸取历史的经验教训，客观地认识中国传统文化，批判地继承中国传统文化中的优秀部分，为中国传统文化与德育教育的融合营造良好的社会氛围。具体来说，作为中国传统文化教育的领导者和推动者，国家和政府要在思想上高度重视中国传统文化教育在全社会的推广工作，要重视对中国传统文化资源的挖掘和运用，在全社会开展丰富多样的中国传统文化活动，并配合相应的制度建设，通过起草出台加强传统文化教育的文件，从领导体制、规章制度、经费投入等方面提供制度保障，确保中国传统文化教育活动能够在全社会持续稳定地开展下去。

（三）加强科研与教师队伍建设，提高科研与教学能力

中国传统文化与德育教育这一研究方向，要求教师与相关研究者必须至少具备两方面的专业学术能力：

一是必须具备深厚的中国传统文化功底，能够恰当地运用中国哲学的研究方法诠释传统典籍，并能够呈现中国古代文化思想的真实面目，避免当前的泛泛而论与牵强附会的现象。

二是必须对德育教育原理有深入的了解，同时，能够正确、及时地把握党的方针、政策与路线，坚持以正确指导方向立场作为传统文化研究的指导。研究者只有同时具备这两个方面的素养，才有可能取得高质量的成果，这一学科方向也才能在德育教育学科获得优势地位。

然而，目前在中国传统文化与德育教育这一研究领域，真正能同时达到这两方面要求的学者少之又少。这也是目前中国传统文化与德育教育这一研究领域存在的重要问题之一。

因此，我们必须加强这一研究领域的科研与教师队伍建设。首先，可以邀请不同学科的权威专家对这一研究方向的教师与科研工作者进行有针对性的培训或讲授，增强他们对中国传统文化与德育教育这两个方向的综合交叉研究能力。其次，要增加相关研究方向的科研项目和学术研讨交流机会，使其在深层次学术交流探讨中增强对两种学科知识的融合度。再次，要提高相关科研项目经费，提高相关专业教师与科研工作者的待遇，增加教师与科研工作者的专业认同度。

（四）关注社会现实，引入问题意识

理论研究唯有对社会现实做出积极回应，才能获得持续发展的源头活水。在德育教育中，对中国传统文化中的德育资源的挖掘与阐释，不应当仅仅陶醉于概念的界定与理论体系的呈现，更为重要的是，应该能够对人们所关注的现实问题做出有效的回应，使理论研究获得开阔的视野与济世的情怀。

因此，关注社会现实，从实证调查入手，在寻找问题、引入问题中确定研究的切入点，不断开阔学术视野，是中国传统文化与德育教育相融合研究的重要途径，是我们应该广泛运用的研究方法。

（五）将中国传统文化纳入教学计划

德育教育工作者应该以高度的文化自信和理论自觉，不断推进中国传统文化与德育教育的互动融合，使优秀传统文化通过创造性转化成为德育教育的不竭源泉。面对德育教育的新任务和新要求，对优秀传统文化资源的开发还须做大量艰苦细致的工作，须更进一步地对优秀传统文化进行细致梳理和深入发掘，加以"扬弃"，切实做到古为今用，推陈出新，使优秀的中国传统文化精华服务于德育教育。

首先，要改善德育教育原有的课程设置。课程的开设，离不开一定的学科专业要求。目前，中国传统文化与德育教育已成为德育教育学科的重要研究方向之一。因此，中国传统文化的内容亦应该系统地体现在德育理论课程的设置中。

虽然中国传统文化与德育教育已成为我国德育教育学科的重要方向之一，但其相关内容并没有系统地体现在课程设置中，课程设置落后于学科方向的建设。因此，在德育教育中，除了原有的德育理论课外，还可增设相关中国传统文化的必修课程作为必要补充，不断推进中国传统文化与德育教育相融合，进而促进德育教育的进一步创新发展。

其次，要在教材中增加中国传统文化内容。教材是进行德育教育教学的必要载体，目前我国德育教育理论课使用的是教育部的统编教材。这些教材的"概论""纲要"性，决定了其很少能体现中国传统文化的内容。

再次，要将中国传统文化引入德育教育的课堂教学中。我们知道，课堂是学校进行德育教育的主要阵地。通过课堂，课程才能落到实处，教材方能变活，教案才可实施。因此，教师应通过影视作品的播放、文化专题的讨论、文化论题的激辩、文化名著的导读、经史子集的解读、名篇读后交流等多种形式，将中国传统文化引入德育教育的课堂教学中，结合德育理论课的教学，围绕普及和弘扬中国传统文化知识，培养学生对中国传统文化的兴趣与爱好，为德育教育营造浓厚的传统文化氛围，提升德育教育的实效性。

最后，举办中国传统文化相关讲座。讲座是学校进行德育教育的有益补充形式。因此，在德育教育的课堂教学之外，学校可以从受教育者关注的热点、难点、焦点等问题出发，配合德育教育的开展，有选择地诚邀有关领域的专家、学者、名人、典型、模范、榜样等走进校园，设坛开讲，实现优秀传统文化传承与德育教育的"双赢"。此外，开展与传统文化相关的课外实践活动。实践是学校开展德育教育的第二课堂，也是中国传统文化融入德育教育的有效途径。

第七章　高校大学生德育教育生态系统构建

第一节　大学生德育生态系统的概念与理论

一、大学生德育生态系统

在研究大学生德育生态系统之前，必须深刻理解大学生德育生态系统的内涵，理解大学生德育生态系统的特征，从而从生态学角度和大学生德育生态系统立德树人的根本任务出发，构建大学生德育生态系统。

（一）大学生德育生态系统的内涵

大学生德育生态系统就是用可持续发展的观点，从生态学的视角研究德育实践活动，是大学生德育生态系统内部各子系统之间、系统内部各要素之间及其与环境，通过物质传输、能量循环、信息传递等相互作用、相互联系，发挥一定功能的有机整体。大学生德育生态系统作为一个有一定功能和组织结构的系统整体，强调了系统内部德育主体、德育客体、德育介体、德育环体之间的相互影响和作用，是大学生德育实践活动中对德育客体的道德观点、道德理念、道德规范、道德行为起着影响的各个系统和系统内各要素之间联系及其结构的总和。大学生德育生态是动态发展的，通过系统的自我调节实现平衡，并推动系统不断演化和发展。

（二）大学生德育生态系统的特征

1. 社会实践性

社会实践性是大学生德育生态系统的重要特征之一。这种社会实践性主要体现在以下几个方面：

一是大学生德育生态系统的德育主体和德育客体具有强烈的社会实践性。德育主体和德育客体存在于经济社会实践活动当中，他们是由处于现实中的人组成，他们对客观世界的认识和改造一刻也离不开社会实践。德育主体从事的德育活动本身就属于社会实践，他们自身的理论知识、道德素养和道德能力提高的来源与德育客体一样，也只能从社会实践活动中提高。

二是大学生德育系统的德育介体（德育内容和德育方法等，是指在思想政治教育过程中，教育者用来影响受教育者的一定社会所要求的思想品德规范以及教育活动的各种方式和手段）具有社会实践性，它们是德育主体在大学生德育实践活动过程中不断探索、总结、概括出来的，然后又被德育主体在德育实践中不断实施，不断完善加以提炼的。

三是大学生德育生态系统的运行过程具有社会实践性。大学生德育生态系统的德育目标、德育任务、德育目的是通过实施德育实践活动体现出来的，德育活动中的每一个环节都是实践活动。这是由德育主体从事德育活动本身的实践性和德育客体道德能力形成的实践性决定的。

2. 复杂性

大学生德育生态系统的复杂性是客观存在的。首先，大学生德育生态系统的结构是复杂的，系统内部各要素之间的关系和作用的总和构成了系统结构，系统机构是德育生态系统内部相对稳定的结合方式。此外，大学生德育生态系统与外部环境之间、系统内部各子系统之间及其与外部环境之间、系统内部各要素之间及其与外部环境之间相互联系、相互作用，它们之间存在着内部、外部关系，主要、次要关系，必然、偶然关系，现象、本质关系，直接、间接关系，孤立的、单独的，不与其他事物发生关系、发生作用的系统或者事物是不存在的，正是这些相互联系、相互作用的关系，产生了大学生德育生态系统的复杂性。其次，构成大学生德育生态系统的各组成要素是复杂的。德育主体、德育客体、德育介体、德育环体是大学生德育生态系统的重要组成部分。

3. 适应性

有多种原因和因素会影响大学生德育生态系统的发展和演化，这些因素和原因可以是改变了的行为、准则、规范，可以是系统外部指令信息的变化，也可以是系统结构内部"通过涨落而有序",如果这些因素和原因引起大学生德育生态系统结构调整,出现新的运行方式,或者是新的存在状态,与之前的结构、运行方式或者状态有所发展、进步或者是完善,那么大学生德育生态系统就发生了进化。如果是大学生德育系统的环境引起的系统这种进化,我们称其为适应。当大学生德育系统为适应环境的变化而出现的内部结构调整、新的组织运行状态和存在方式,以便系统更好地适应环境的变化,我们称之为大学生德育生态系统的适应性。

大学生德育生态系统在运行、发展的过程中与外部环境,如社会环境、学校环境、家庭环境等发生物质运输、能量流动和信息交换活动时,会自觉调整系统,系统内部宏观系统、微观系统以及各子系统之间的关系,从而使系统各诸要素,如德育主体、德育客体、德育目标、德育内容、德育原则、德育方法,更好地适应外部环境的变化,不断提高组织运行能力、完善组织运行机构、增强组织运行功能,更好地实现大学生德育生态系统的德育目标、德育目的,切实提高大学生德育的实效性和有效性,更好地完成大学生德育生态系统的任务和使命。

4. 控制性

社会力量完全像自然力一样,在我们还没有认识和考虑它们的时候,起着盲目的、强制的和破坏作用。合力就像社会力量一样,既有对事物积极的力量、正向的效应,也有对事物消极的、负向的效应。在我们以前的认识思想当中,合力都是积极的力量和对事物正向的效应,因此,较多的研究成果、理论书籍都将合力看成有效的合力。

当前,我们从生态角度认识、研究大学生德育,构建大学生德育生态系统,就是突出德育主体的可控性,增强合力的可控性,充分发挥合力的积极作用、抑制其消极作用,从而使作为一种人工合力系统的大学生德育生态系统在运行、发展的过程,就是确立德育目标、实现德育目标,提高德育效能所进行的一系列有效活动。

5. 稳定性

大学生德育生态系统的另一个重要的特征就是稳定性。改变大学生德育生态系统的内外部环境和系统内部诸要素运行、发展存在的状态,将会对系统结构和功能的发挥产生联动效应,并且系统可以通过物质运输、能量流动、信息交换来实现系统自身的自动调节。

我们可以认知大学生德育生态系统结构，深刻把握教育规律和大学生德育规律，有目的、有意识、主动地改变系统的结构。因此，大学生德育生态系统的稳定性并不是一成不变的，是相对的，可以主动地适应内外部环境的变化和调节自身组织结构，这种主动适应性在本质上就是其最大的稳定性。

6. 政治性

我国高校德育的根本任务是立德树人，是培养德智体美劳全面发展的社会主义建设者和接班人，是培养实现中华民族伟大复兴中国梦和两个一百年奋斗目标的时代新人，这是我国人民当家作主的社会主义性质决定的，因此大学生德育生态系统具有鲜明的政治性。当前，大学生作为社会主义现代化建设的接班人，他们的素质和能力如何，直接关系到中国人民的幸福和中华民族的复兴，关系到社会主义现代化建设事业的成败。因此，大学生德育必须旗帜鲜明地讲政治，大学生德育必须进行以爱国主义为核心的民族精神和以改革创新为核心的时代精神教育，使广大学生树立正确的世界观、人生观、价值观，掌握马克思主义的立场、方法和观点。当前，中国特色社会主义进入新时代，大学生德育生态系统必须有鲜明的阶级性和政治性，必须贯彻党的基本理论、基本路线、基本方针、基本政策，立场坚定地反对资产阶级自由化思潮，抵御西方"西化"图谋，为党和人民的事业奋斗终生。

二、大学生德育生态系统的理论基础

从学术角度对生态学理论、教育生态学理论、思想政治教育生态学理论、系统科学理论进行系统的梳理，将为大学生德育生态系统研究提供新的方法论。因此，在研究大学生德育生态系统之前，有必要对生态学理论、教育生态学理论、思想政治教育生态学理论、系统科学理论等基本观点进行阐述，并在此基础上构建出大学生德育生态系统的方法论体系。

（一）生态学理论

大学生德育生态系统作为包含若干子系统、各要素的整体系统，具有系统性、整体性和有序性。主要包含如下内容：

一是生态位观。在自然界中，每种物种都有自己的生态位，有自己的生存空间和营养位置，发挥自己的功能。因此，自然中的生态位观表明，每一个个体有自身独有的空间和时间的位置，有自己的功能地位。生态位观的内涵指自然界中的物种为了自身更好地生存、繁衍、发展而寻找利于自身的生态位，并改变自然界中物质、能量和信息的流动。由于自然界中的物质、能量和信息等资源是有限的，物种与物种之间、个体与个体之间存在对资源的争夺是必然的；要保持生态系统的平衡、运行和发展，物种和物种之间、个体与个体之间的生态位要保持弹性宽度，否则，物种之间的竞争、个体之间的竞争会破坏系统的平衡，甚至会使生态系统遭受崩溃。

二是生态关系观。关系观是生态学理论中十分重要的概念，物种与物种、种群与种群、个体与个体之间都存在相互影响、作用的关系，进而构成生态系统的关系网。食物链：食物营养关系构成了生物间食与被食的关系，物质、能量和信息在这种关系中进行传递并保持稳定的关系。竞争：由于自然界中的物质、能量和信息等资源是有限的，各生态因子之间会为了生存资源产生斗争，这会强化各生态因子优势的发展，这又促进物种形成稳定的结构，各个物种在这种结构中的关系会有所缓和，互相之间并不干扰。互利共生：各生物之间为了共同的生存目标，在进行斗争的同时又会保持协作，分享有限的物质、能量、信息等资源，生成生存发展共同体，使群落之间构成复杂稳定的生态结构。

三是平衡适应观。任何一个系统都存在物质、能量和信息的输入和输出，系统的平衡是相对的、动态发展的。通常情况下，系统都有自我修复、完善的功能，保持系统的稳定。但每个系统的平衡不是一成不变的，会随着外部环境的变化对生态系统进行重构演化出新的生态功能。因此，在调试生态系统的活动中，要注重各生态因子态势，发挥生态因子的优势，消除生态因子负面的影响，保持系统的平衡。

（二）教育生态学理论

教育生态学是指依据生态学原理、规律、思想和方法，研究教育活动过程中存在的问题和矛盾，及其产生的原因，有效揭示教育系统内部子系统、各诸要素以及与外部环境之间相互作用关系和规律，预测教育系统发展、演化态势，并对教育生态系统进行优化。其实，大学生德育生态系统有其固有的发展、演化规律，既要考虑与外部环境的关系，还要考虑与学校科研系统、教学系统的关系。同样，大学生德育生态系统运行规律如何，如何处理它与外部环境之间的关系，怎样调节大学生德育生态系统运行状态，这就需要教育生态学理论基础。

教育生态学理论主要包括以下内容：一是教育生态的基本原理。教育生态学作为独立的学科，有其自身的发展规律、理论体系、运行法则；二是教育的生态结构功能论。

第二节　大学生德育生态系统的结构与功能

建构大学生德育生态系统，是用生态学及生态观作为方法论基础，通过系统的理论分析建构适用于大学生德育生态系统的理论体系。同时大学生德育生态系统的理论建构必然不能超越思想政治教育的研究范畴，要遵循思想政治教育的客观规律，在此基础上科学、合理地融合相关理论，为大学生德育生态系统提供有力的思想武器。

一、大学生德育生态系统的要素及生态性分析

大学生德育生态系统是一个复杂的系统，包括德育主体、德育客体、德育介体、德育环体等多个生态因子。大学生德育生态系统的构成和作用的发挥，是系统内部诸要素相互作用的结果，实现大学生德育生态系统的优化，必须充分调动诸要素的积极性，促使系统的价值达到最大化。此外，大学生德育生态系统与自然生态系统有着相似的生态学特征，参照达尔文的进化理论，以及国内学者的相关研究，分析了大学生德育生态系统的生态性和生态化趋势。

（一）大学生德育生态系统的要素

1. 德育主体

将大学生德育工作者界定为德育主体，是基于大学生德育工作者首先是德育活动的设计者、实施者、推动者、组织者和调节者，从生态学角度分析，德育工作者相当于自然生

态系统中的生产者。界定大学生德育工作者为德育主体并不意味着在德育实践教育过程中，他们处于绝对的领导地位，是与德育客体，即受教育者有平等的人格，他们在德育实践过程中发挥主导性作用。

主体性是大学生德育工作者的重要特征，德育的过程的逻辑起点是德育工作者所具有的主体能动性，付诸主动行为。即在德育实践活动过程中具有主动性、主导性、创造性、超越性，继而与德育系统其他要素产生相互联系相互作用，对德育客体产生教育影响，从而构成统一的德育活动。

主动性是指德育工作者在党的理论、路线、方针、政策的指引下，并根据党和国家的教育要求，社会发展状况以及德育客体的心理素质的变化，积极、主动地对教育客体施加德育的影响。

主导性是指德育工作者在德育实践教育过程当中，运用一定的教育方式和方法，积极引导德育客体参与到德育实践活动当中，并在此活动当中始终起到主导作用。

创造性是指德育工作者在德育实践过程中要不断创新思维方式、更新教育理念，要具有创新精神，提高自己的创新能力，从而创新工作方式和工作方法。

超越性是指德育工作者在德育实践活动中既要立足现实，从德育客体现有的道德思想状况、心理状况出发，又要超越现实，引导德育客体形成与社会发展相适应的道德素质。

德育工作者在一定的条件下，还有客体性的特征。首先，德育工作的活动受客体及环境的影响。在德育实践过程中，德育客体不是纯粹的"机器"和知识的容器，而是具有主观能动性和思维意识的客体，是具有"主体性"的客体；同时，在现实德育实践活动中，德育客体的思想道德水平不同，思想道德素质具有差异性。德育客体的"主体性"及其差异性，需要德育主体从德育客体的实际出发，不断创新教育思维，改进教育方式，不断提高德育活动的有效性和实效性。同时，德育实践活动不是在"真空"中进行的，是在特定的实践条件中进行的，因此要受到外部复杂多变的环境制约。由此可见，德育主体的主体性活动是有条件的，而非任意的。其次，德育主体在一定的条件下是德育客体的审视的"客体"。德育活动不是德育主体单项改造德育客体的实践活动，而是两者双向互动的过程。德育主体具有思维能力和主观能动性，在接受德育时会对德育的内容进行筛选，对德育主体的言行进行评价，因此在此种意义上德育的主体成为德育客体认识的"客体"。

德育主体作为德育活动的设计者、实施者、推动者、组织者和调节者，对德育实践活动具有主导作用，为保证德育活动的顺利开展，并取得既定的德育目标和教育效果，德育主体必须具备良好的素质。

2. 德育客体

受教育者是德育的客体。受教育者的客体性是因为受教育者是高校思想政治教育的施教对象，在思想政治教育过程中主要是思想政治教育的接受者、受动者和依托者，也是思想政治教育效果的体现者，相对于思想政治教育主体而言，受教育者是思想政治教育客体。

因此，德育客体在大学生德育生态系统中具有极其重要的作用。

一是能动作用。德育客体作为大学生德育的客体，接受德育主体信息和知识，这是大学生德育过程的初始环节，但是在德育实施过程中，德育主体很难把握德育客体对教育内容和德育活动的参与度和认同度。德育客体的能动作用分为积极的能动作用和消极的能动作用。积极的能动作用指德育客体能自觉配合德育主体完成德育活动的既定任务和目标，德育客体的思想道德素质和行为方式向着德育主体希望的方向发展。消极的能动作用是指德育客体在主观上拒绝接受德育主体施加的教育影响，这对德育主体的教育提出严峻的挑战，将消极能动作用转化为积极能动作用，也是大学生德育的重要课题。

二是促进作用。德育客体的促进作用与其积极能动作用的发挥极为密切。发挥德育客体的积极能动作用，既可以提升德育客体的思想水平、道德素质，端正道德态度和行为，又能提升德育主体的工作信心，促使德育主体以更饱满的工作热情投入到德育工作，不断学习相关理论知识，提升业务素质能力，完善教育方式方法。德育客体主动参与到德育活动，有效配合德育主体的教学计划，在此过程中，德育客体的新奇想法，有助于激发德育主体的灵感，对德育主体创新德育思维、更新德育理念、完善德育计划具有重要的作用。德育客体密切配合德育主体，可以促进两者之间的双向互动，拉近两者之间的距离，增强彼此的了解，使德育主体有效掌握德育客体的思想动态，加强德育的针对性、有效性。

3. 德育介体

大学生德育生态系统的介体是指德育过程中主客体之间相互联系、作用、影响的中介因素，主要包括德育内容和德育方法（方式、途径与手段）等。

①德育内容

具体来说，本文将德育内容概括如下：

世界观教育。世界观教育的内容主要包括辩证唯物主义教育、历史唯物主义教育和马克思主义认识论教育。

德育内容除世界观教育外，还包括对德育客体进行政治观教育，主要有：基本国情教育、党的基本理论、基本路线、基本纲领、基本经验教育，以爱国主义为核心的民族精神教育，以改革创新为核心的时代精神教育；人生观教育，主要有：理想信念教育、人生价值观教育、生命价值观教育；价值观教育，主要有：科学价值教育、审美价值观教育、环境价值观教育；法治观教育，主要有：社会主义民主教育、社会主义法治教育、遵守纪律教育；道德观教育，主要有：集体主义教育、社会公德教育、职业道德教育、家庭美德教育等教育内容。

②德育方法

大学生德育过程是一个多要素相互影响和相互作用的过程，德育方法就是其中不可或缺的重要因素，好的德育方法对德育目标的实现，起着举足轻重的作用。德育方法不是德育的实体因素，但总是与德育活动联系在一起，离开大学生德育活动，德育方法就失去了价值。大学生德育方法是在长期的德育实践过程中形成的关于大学生德育活动的法则，在德育过程不同的阶段可运用不同的德育方法。一是理论教育法。理论教育法是大学生德育活动最基本的方法之一，主要包括理论讲授、学习、培训、研讨、宣传等形式。它是德育主体有目的、有计划地对德育客体进行知识理论体系的教育，并引导德育客体树立正确的世界观、人生观、价值观的方法。

4. 德育环体

德育环体是指与德育诸要素之间及德育系统之间相互联系、相互依存、相互作用，与德育内部系统保持输入与输出关系，对德育活动有着重要影响的一切外部条件的总和。就空间来说，主要包括社会环境、学校环境和家庭环境。

①社会环境

大学生德育作为特定的人类社会实践活动的系统，是在与外部社会环境的沟通、联系、相互作用中存在和发展的。环境作为大学生德育活动的重要舞台，是德育活动产生的信息源，是影响德育过程的信息源。

首先，社会环境激发德育活动的动机。马克思主义经典作家认为，人的活动是有意识的、有目的、有主观能性的活动，人不是抽象的人、是社会的存在物，其实践活动是在一定的动机指引下进行的。大学生德育活动是上层建筑的组成部分，是植根于以经济基础为核心的社会环境中的，经济社会发展的需要激发了对社会公民进行德育的动机。

其次，社会环境为大学生德育提供了德育素材。对大学生德育活动来说，社会环境不仅激发了德育动机，而且是德育的目的、德育的任务、德育原则的依据，乃至德育主体作用于德育客体的教育的内容和原则都来源于社会环境，都是对社会环境各种信息进行加工、提炼的结果。在社会经济发展的过程中出现的矛盾和问题，以及由此引发的大学生德育客体自身的思想矛盾、德育客体与社会经济发展之间出现的矛盾，决定了大学生德育的目标和任务。完成大学生德育的目标和任务需要制定德育的基本理论、指导思想和方针原则，从而促进大学生德育活动顺利地开展。

再次，社会环境影响德育的效果。德育效果是通过大学生德育活动对大学生的教育，丰富其道德理论知识、提高其思想道德素质和水平，改善其行为方式等中间环节，最终在德育客体认识客观世界、改造客观世界、从事社会实践活动的过程中，营造良好的社会环境氛围中体现出来的，是体现在各种物化劳动之中的。

最后，社会环境推动德育的发展。以社会环境各个要素不断变化发展，各个要素相互联系、相互作用为源头，促使各要素之间产生矛盾，并转化为德育客体自身的思想矛盾，使德育客体思想现状与经济社会发展之间出现不匹配的现象，经过大学生德育主体的教育作用，德育客体思想状况与经济社会发展要求相一致，从而完成了大学生德育的一个过程，完成了一个教育周期。由于社会环境是不断发展变化的，社会环境各要素之间的不平衡、矛盾和冲突是绝对的，平衡、协调是相对的。

因此，随着社会环境的变化，大学生德育客体与社会环境、德育客体思想状况与经济社会发展要求之间的平衡会被打破，又产生新的矛盾运动；新的矛盾又推动新的德育活动，周而复始推动大学生德育活动不断发展进步，继而推动社会环境的改善。因此，社会环境推动德育的发展。

②学校环境

学校作为特殊的社会组织，有目的、有计划地向德育客体传授理论知识、政治观点和价值理念，培养符合经济社会发展的社会公民。从人类社会发展的角度看，学校是国家和社会有意识营造的培养人才的环境，学校的德育活动对德育客体思想品德的形成和良好行为习惯的养成更具有引导性。学校作为一种复杂的系统，既有有组织的活动，又有自发的活动，对德育客体的影响也是复杂的，既有有利影响，又有不利影响。学校环境主要通过教学、课外实践、教风、学风、校风、班风等对德育客体施加影响，这种影响有如下特点：

一是学校环境的影响具有阶级性。高校担负着塑造德育客体人格、立德树人，以及培养德智体美劳全面发展的社会主义建设者和接班人的重任。在阶级社会里，统治阶级都会充分利用学校教育宣传自己的价值思想、社会理念以维护统治阶级的利益。因此，学校除加强对学生的理论知识传授外，还要十分重视对学生的德育，按照社会经济发展的要求对德育客体进行世界观、人生观、价值观的教育。学校环境影响的阶级性是学校环境区别家庭环境的重要特征，这一特点体现在整个学校环境中。

二是学校环境的影响具有导向性。学校是遵循德育发展规律和人才成长发展规律，依据德育对象的实际情况，向德育对象提供针对性教育的组织。从总体上讲，学校通过组织相关活动对学生开展德育活动具有明显的导向性，这有助于德育客体避免自身发展过程中的曲折和弯路，促进德育对象思想品德和行为习惯向着经济社会发展的要求发展。

三是学校环境的影响具有全面性。从总体上来看，学校是一个小型社会，学校环境会体现出复杂的社会生活。学校德育在传授文化的同时，帮助德育对象树立正确的三观，使其能具备走向社会承担各种角色和任务的能力。因此，国家和社会在构建学校环境时，应将政治性、理论性、知识性和思想性融为一体，使学校对德育对象产生全方位的影响。

四是学校环境的影响具有潜隐性。学校环境包括教学、课外实践、教风、学风、校风、班风、校园文化等，这些因素有形无形地构成学校环境。德育对象长期生活在校园环境中，会自觉不自觉地受到环境的影响，进而陶冶情操、塑造人格、锻炼意志。学校环境影响的潜隐性要求德育主体在进行大学生德育活动的过程中，要充分考虑各方面的因素，调动各方面的积极因素，营造良好的学校环境，促进德育客体形成良好的思想品德和行为习惯。

③家庭环境

家庭是德育对象成长的摇篮，是德育对象出生后的第一所学校，父母是德育对象的第一任老师。家庭环境对德育对象道德品质、思想素质和行为方式的形成具有深刻的影响和极其重要的作用，对大学生德育活动具有制约作用。这种影响体现在以下几个方面：

一是家庭教育对大学生道德品质、思想素质的形成具有基础性作用。家庭环境是大学生德育的基础环境，是大学生最初社会化的基本环境。德育对象出生后就生活在家庭当中，家长是教育对象不能选择的第一任德育老师。德育对象在完全成年步入社会之前，在家庭中度过的时间超过三分之二，父母的世界观、人生观、价值观、道德品质及行为方式和教育理念，会对德育对象产生润物细无声的影响，在德育对象身上打下深深的烙印。家庭环境的影响具有基础性，会使教育对象刻骨铭心、终生难忘。因此，在一定意义上说，家庭环境对德育对象的品德形成和发展起到奠基的作用，一个人认识世界、改造世界的知识和能力，是从家庭开始的。由于家庭成员、父母和德育对象之间的关系是直接的、亲密的，父母对教育对象的了解极为全面，这有助于家庭因材施教，利于德育对象正确理解家庭教育的影响。此外，家庭教育在一定意义上具有间接性，是非正式教育，家庭教育通常融入家庭活动之中，父母的榜样对德育对象成长作用较为明显。

二是家庭德育具有普遍性和长久性。家庭环境对德育对象的影响是有限度的、具体的。但每一个德育对象都生活在家庭当中，家庭影响又是普遍的。家庭作为我们每个德育对象生活最久最早的环境，家庭伴随着其一生，因而家庭环境对每个德育对象具有长久性的影响。家庭环境对德育对象普遍性和长久性的影响，要求德育主体在进行德育的过程中要十分重视家庭环境的作用，注意对其调控，从而使家庭环境和高校德育的影响相一致。

三是家庭环境的影响具有渗透性。家庭环境对德育对象的教育作用既体现在家庭教育中，又体现在日常生活中，这使得家庭成员的关系、父母的思想道德素质和教育理念、家庭生活习惯和家庭氛围等家庭生活的各种因素对德育对象产生潜移默化的影响，这种影响不一定是自觉的，但却对德育对象造成耳濡目染的影响，实实在在地作用于德育对象。

二、大学生德育生态系统的功能

大学生德育生态系统的实践过程是一个动态的过程，在实践发生的过程中才会产生功能和效果。大学生德育生态系统的功能指系统、系统内部各子系统、系统内部诸要素之间及其与外部环境之间相互联系、相互作用的过程中，表现出的性质、能力和功效，主要包括环境适应功能、文化顺应功能、价值创造功能、理念塑造功能，通过各个功能的共同作用，大学生德育生态系统维持系统的稳定，促进系统协调高效运转，使德育获得均衡发展。

（一）环境适应功能

大学生德育生态系统的环境适应功能是指大学生德育生态系统、各子系统及系统内部诸要素与外部环境互动过程中实现德育目标和德育目的的功能。大学生德育生态系统的运行和发展受到外部环境的制约和影响。大学生德育生态系统需要与外部环境继续进行物质传输、能量流动和信息交换，既能自我调节实现系统稳定发展，还能依据环境的变化实现系统内部各要素的重组，适应环境的变化。从而实现德育客体的个体生存功能、个体发展功能、个体享用功能，促进德育客体政治社会化进程，对化解德育危机，维护社会稳定具有重要的意义。

实现德育客体个体生存功能。德育客体个体生存功能是指大学生德育生态系统在运行的过程中引导大学生遵循客观规律，改造主观世界，以更好地认识客观世界和改造客观世界中所发挥的作用。

实现德育客体的个体发展功能。大学生德育生态系统在塑造德育客体品德、促进德育客体发展等方面起到十分重要的作用：一是引导政治方向；二是约束规范行为；三是激发精神动力；四是塑造德育客体的人格。

实现德育客体的个体享用功能。大学生德育生态系统在运行过程中帮助德育客体实现精神上的需求和愿望，使德育客体获得精神上的快乐和满足，得到精神上的享受，这体现为德育的个体享用功能。提高德育客体的思想素质，促进德育客体的全面发展是大学生德育的基本任务。德育客体思想素质的提高对个体和社会都有重要的作用。

(二) 文化顺应功能

大学生德育生态系统的文化顺应功能是指德育实践教育过程中对社会文化产生的重要影响，主要包括道德文化传播、选择和创造功能。

实现道德文化传播功能。大学生德育生态系统运行是德育主体向德育客体传授一定的道德内容、道德知识、道德观点、道德理念、道德思想，所谓的"道德内容、道德知识、道德观点、道德理念、道德思想"，都属于文化范畴，是社会文化的组成部分。在一定意义上讲，大学生德育生态系统发展、运行的过程就是统治阶级文化、社会主导意识形态思想的传播过程，其目的就是为了实现德育客体的道德社会化、政治社会化。在德育客体道德社会化和政治社会化的过程中，存在两种活动。

一是国家、社会通过大学生德育实践等方式传播符合社会需要的道德思想和社会主导意识形态思想，使德育客体形成符合国家和社会发展的行为模式。

二是德育客体通过学习道德内容、道德知识、道德思想，形成一定的道德观点、道德情感、道德信仰、道德态度及其制约下的道德行为。这两种活动在大学生德育生态教育过程中相互联系、辩证统一。因此，大学生德育生态系统的文化传播过程，不是填鸭式的单向灌输过程，是互为信源、互为信宿的双向信息交流过程。

实现道德文化选择功能。大学生德育生态系统在发展、运行过程中对文化的传播，并不是对现有道德文化、道德思想的照抄照搬，包含对道德文化、道德思想的扬弃和选择。通过这种选择和扬弃，实现对道德文化和道德思想的创新，推动经济社会发展进步。大学生德育生态系统运行实现文化选择功能主要是通过批判继承道德文化这一方式完成，具体说的就是根据一定的德育目标和德育目的对传统道德文化和外国道德文化批判吸收，有选择地传播，符合经济社会发展的需要和先进文化发展的需要。

实现道德文化创造功能。大学生德育生态系统通过运行和发展培育具有创造精神的人才，有力地推动德育文化的创新。同时，大学生德育生态系统运行过程中进行的道德文化传播，不是机械的"传声筒"，而是不断地对道德文化进行整合、创新，向德育客体进行传递，这实质上是对道德文化创造的过程。因此，大学生德育生态系统的道德文化创造功能是客观存在的。

第三节 大学生德育生态系统的优化思路

高校人才培养和大学生德育具有明确的目的性，而大学生德育生态系统的优化总要落实在具体的德育生态修复、保护和培育行动中。因此，需要遵循一定的优化理念。根据大学生德育活动规律，大学生德育生态系统运行、发展规律，大学生德育生态系统的优化要遵循以下理念：

一、大学生德育生态系统的优化理念

（一）坚持以学生为中心的理念

以学生为中心的理念是正确运用马克思主义有关人的本质、需要以及全面发展理论的内在要求，是顺应实现人与社会发展与思想政治教育和谐发展的时代诉求，是促进大学生德育生态系统良性健康发展的必然选择，是进一步提升德育针对性、实效性和创新性的科学指引。

以学生为中心的理念坚持以充分满足和引导学生需求为立足点，以尊重学生、了解学生、关怀学生、提升学生为基本原则，旨在创造条件充分激发学生主观能动性，注重在具体德育活动中培养学生参与的主动性和创造性，旨在通过系统、科学、有效的德育实践活动帮助学生实现更好的自我认知、自我完善、自我调控、自我发展，进而实现学生全面发展、高效教育提升和推动社会进步的终极目标。如何运用好以学生为中心的理念是当代社会转型大背景下高校应该重点关注和研究的课题，既要有将德育置身于社会发展中的考虑，也要对德育的价值认定、方向选择做出正确的判断。坚持以学生为中心的理念指导德育，应该具有尊重学生主体性、满足学生合理需要和促进学生的全面发展三个方面的内涵。

尊重学生的主体性。德育的客体是学生，学生是有灵魂、有思想、有生命的对象，施教者和受教者是人与人而非人与物的关系，是具有主观能动性的人与人之间的关系，因而高校开展德育必须尊重学生的自主性、能动性和创造性。一是尊重德育客体的主体性。德育要坚持以学生为本，考虑德育客体的主体性，德育要紧紧依赖学生开展理论教学和社会实践活动，注重凝聚德育的思想共识和精神动力，切实协调好德育实践活动中学生主体思想和行为，不断深化和推动学生理论修养和实践能力的发展。二是学生是德育实践活动的价值主体，德育实践活动要正确引导学生端正认识和满足学生的合理需要，坚持以学生为价值之本，引导学生全面发展，推动实现学生的最大价值。三是要教导学生正确认识和处理当前发展与长远发展、自我发展与社会发展之间的关系，教育和引导学生本着科学发展的理念，努力克服发展过程中的困难和问题，帮助学生坚定全面、可持续发展的意志，不断发掘学生持续发展的潜力和机遇，实现学生、高校、社会三者有机协调、可持续发展。

满足学生的合理需要。学生的需要是内在的、本质的追求，学生的积极性来源于需求的欲望，这种需要越强烈，学生的积极性也就越高，因此满足学生正当的需要是思想政治教育的应有之义、是不可剥夺的主体权利。德育的动力来自学生未被满足的需要，要充分利用这种未被满足的需要激发学生的思想认识和行为选择，将合理满足学生内在合理需要作为德育的内驱力和最终落脚点，高校要秉承精神鼓励和物质奖励相结合、解决思想问题和解决实际相结合的原则，在充分尊重学生主体和科学分析学习生活工作现状的基础上，从归纳好、解决好学生发展过程中面临的实际问题入手，教育和引导学生树立正确的认识以及科学地处理自发发展和自觉发展、片面发展和全面发展之间的关系，自觉为促进学生的全面发展和健康成长创造良好条件和提供优质服务。

促进学生的全面发展。要将学生培育成全面发展的人，就要尊重学生的价值，统筹实现学生内在价值和外在价值的协调发展，激发他们潜在认识和改造客观世界的能力和创造性，引导他们通过参与社会实践活动创造出有利于社会发展的物质财富和精神财富，实现学生个人幸福与他人幸福、自身发展与社会进步的有机结合，最大限度地提升学生的能力素质并实现学生的自我价值、社会价值。特别是在新时代的环境背景下，更应积极培育学生的创新精神,引导激发学生在正确人生轨道上进行创造,为实现伟大的"中国梦"助力。

(二)秉承创新共享理念

创新是发展的核心动力。创新是一个民族进步的灵魂,是一个国家兴旺发达的不竭动力,也是中华民族最深沉的民族禀赋。创新的主体和根基是人,创新发展理念就是要以人为主体的创新实践,旨在为持续的发展提供源源不断的动力,就高校德育而言,就是要充分发挥学生主观能动性,不断面对新常态、新机遇,解决新问题、新困难,提出新观点、新举措,形成新理念、新风尚,积极创造适宜德育、学生发展的发展环境和生存空间,提升高校、学生生存发展适应能力,最终推动学生的全面成长与发展。

共享是发展的本质要求。共享是致力于解决社会的正义与公平问题,是推进中国特色社会主义事业的价值追求,强调要实现经济社会发展成果为民所共享、乐为民所共乐。学生的全面发展是学生能力素质不断提升和全面进步的过程,是一个渐进提升、渐进共享的发展过程,体现了学生能力素质提升与学生全面发展的辩证统一。

(三)树立协同育人理念

大学生德育实践活动要围绕立德树人的主线,遵循德育规律、德育客体成长发展规律,树立协同育人的理念,构建三全育人的德育工作贯彻格局。

一是遵循德育育德和德育发展规律,实现全程育人。高校作为培养德智体美劳全面发展的社会主义建设者和接班人的重要场所,高校教师不仅要传授理论知识,更要积极参与到学生的德育工作当中,"经师""人师"都要当,不能将育人与传授专业理论知识相隔离,要在传授专业理论知识的同时实现育人的目标。因此,各专业课教师都应成为大学德育的主体,树立育人是教师的第一责任意识,实现全程育人。

二是遵循德育客体成长发展规律,实现全员育人。思想政治工作是做人的工作,要提高学生的道德品质,让学生成为全面发展的人才。高校的功能之一就是培养人才,开展德育实践活动。切实推进大学生德育实践工作,是高校培养德智体美劳全面发展的社会主义建设者和接班人的前提。因此,大学生德育工作,要将服务学生,实现学生的健康成长作为其出发点和落脚点。

三是遵循德育工作规律,实现全方位育人。大学生德育工作要因时而进,因势而新。

随着环境的变化和时代的发展，大学生德育也要改革创新，要避免一刀切，要具体问题具体分析。

二、大学生德育生态系统的优化原则

大学生德育生态系统优化的原则是大学生德育生态系统运行规律的反映，是大学生德育实践活动和大学生德育生态系统运行、发展过程中应当遵循的基本准则。正确地确立并遵循大学生德育生态系统的优化原则，对构建大学生德育生态系统的优化路径具有重要的意义。

（一）坚持整体性

大学生德育任务在于全面提高大学生的道德素质。德育生态系统是个整体，不允许任何割裂和孤立，它的发展是"抱团式发展"，是主体、客体、介体和环体之间物质、信息充分交流与互动的结果。整体性是考察事物的一种生态思维方式，坚持以整体性的原则来研究和优化大学生德育生态系统，要将大学生德育工作看作大学生德育理念、施教途径、方式方法和评价机制等各个环境要素相互影响、互动而成的整体生态系统。这种整体性优化原则主要表现在两个方面：一方面，大学生德育生态系各个环境要素之间是以互动的方式而存在。在开放的高校环境中，各环境要素之间原本分离的状态被打破，彼此间相互联系、相互作用，整体处于一种共生共荣的状态。大学生德育的整体性，来源于客观世界的整体性，它强调将客观存在、研究教育对象作为一个具有一定结构性能的整体，注重从整体与部分、整体与外部环境之间相互影响、相互联系、相互作用中考察、教化研究对象，也就是说高校、教育规范、大学生、管理方式等方面相互依赖、相互制约共同构成了大学生德育生态系统这个有机统一体，进而达到优化大学生德育生态系统的最佳效果。另一方面，外部环境影响的整体性在增强。在当今社会环境中，网络等媒介传播的信息反复强化作用于大学生，复杂开放的家庭环境、学校环境、社会环境、网络环境对大学生思想政治教育起到了整体性强化作用，同时日积月累的信息量也对大学生的认知效果起到了积累强化作用。

德育的成果最终体现在大学生良好、稳定生态道德行为的养成上，这就需要我们坚持整体性的原则，稳步有序地推进大学生德育工作，通过不断的教化，引导大学生逐步实现大学生生态道德素质由生态道德认知、生态道德情感、生态道德意志向生态道德行为的过渡发展、螺旋运动，最终达到生态道德素质的整体养成和德育强大合力的形成的理想目标。

（二）突出层次性

大学生德育生态系统具有鲜明的层次性，这包括德育目标、德育对象、德育主体、德育过程等方面的层次性。根据大学生德育的层次性在理论上分为教学目标、教育内容、教育对象的层次性，在实践上体现为教育实施过程的层次性。

优化大学生德育生态系统理应坚持层次性的原则，这种坚持要体现在四个方面：一是层次性与整体性要协调统一，两者同属系统思想和方法的两大精髓，整体性是核心，层次性是基本属性，二者相互依存、相互作用、共同促进。坚持层次性与整体性协调统一的要求指导优化大学生德育生态系统，可以在德育目标、目的之间保持合理的关系，实现德育目的的整体规划和德育目标的分层设定；可以在方式方法上，针对不同德育对象使用不同的方法论和教学方式；可以在管理方面实现协调高效，使用层次与整体相结合的方法才能保证多样化、社会化、信息化大学生德育生态系统的有序、高效运行。二是层次性与主导性要统筹兼顾，两者同是大学生德育的重要范畴，是对辩证统一原理的具体运用，二者之间相互依赖、不可分割。要坚持主导性前提下的层次性，既不可过多追求主导而放逐层次，要尊重差异、鼓励多元，避免出现教育目标单一、内容同质和方法简单的问题。要坚持层次性发展中的主导性，既要坚持主导性对层次性的制约，又要注重在多样性发展中坚持主导性的指导地位。三是层次性与连续性不能硬性割裂，连续性是层次性的基本前提和内在要求，层次性是连续性发展的必然结果和最终目的，要在德育实施过程中实现不同教育主体、受教对象、教育内容、教学办法之间的有效衔接和有序推进，突出各个层次、各个对象、各个部分的连续和通约，实现大学生德育系统纵向衔接、层次递进、循序渐进、合力发展。

（三）强化发展性

现代大学生德育是培养大学生的改革创新、奋力拼搏精神，这种与时俱进的目的就是发展，因此可以说，发展性是优化大学生德育生态系统的内在要求，是遵循辩证否定观的应有之义，是坚持发展阶段性与连续性、变革性与继承性相统一原则的客观要求。

大学生德育生态系统的发展绝不是"断崖式"的发展，是渐进式的过程，是一个不断演变、提升的系统性工程，它包括传统德育向现代德育发展、现代德育由浅入深发展两个维度。现代德育是一种摒弃传统德育不合理成分，追求民主化、社会化、现代化、科学化发展的德育，而这些特征均属时代概念范畴，随着德育环境、德育理念、德育主体、德育客体、德育内容、德育方法、德育途径的变化，现代德育也要积极地通过正确选择、深入改造、继承发展来实现。大学生德育系统要具备变革社会、适应调节大学生观念变化的能力，其本身也应该不断进行变革和提质，这种变化主要体现为社会发展和大学生全面发展相统一。这种发展主要体现在大学生受到学校、社会、家庭及环境等诸多复杂因素制约和影响而实现其素质能力社会化、现代化的过程。

在信息化、全球化、现代化的环境背景下，大学生这一受教育群体是有鲜明特征的个体，他们有一定的自主选择和自主接受能力，在受教过程中他们的知识需要更新、情感需要陶冶、意识需要自主、行为需要时尚，同时也会不断接受来自外部的攻击，因此，坚持用发展性的原则优化大学生德育生态系统是有效满足受教育者不断追求自我突破和更新的必然选择。在生态德育系统构建过程中，教育者和受教育者同是主体，受教育者扮演着既被动又主动的双重角色，特别是在日新月异、千变万化的现代潮流中，如果不在德育中坚持和贯彻发展性原则，那么大学生的主观能动性就得不到充分的发挥，德育的内容就不会自觉、顺利地进入大学生的思想中，从长远看就会影响规范社会风气、引导社会道德、创造良好环境的形成甚至阻碍社会的发展。

大学生德育生态系统是一个德育主体与各德育要素之间动态共存的发展性系统，在时间和空间多种维度上不断运动变化，自始至终处在一个复杂、多变、有序的环境中，且是合乎规律性的良性互动，整个生态系统是保持动态平衡的存在，因此，高校要自觉、实时根据不断变化的情况，预研预判、准确分析德育要素的最新变化，及时更新德育理念、调整德育目标、改革德育方法、优化德育途径、健全德育机制，进而实现大学生德育生态系统的良性发展。

坚持运用发展性原则优化大学生德育生态系统，要从三个方面着手：一是在可接受前提下贯彻发展性原则。大学生德育生态系统的构建和优化都要以德育主体承认、接受为出发点和落脚点，要充分考虑并用发展的眼光研究大学生自主选择性和自动接受性，实现施教过程和接受过程相统一，从而达到生态德育的教育目的。二是在适应的前提下贯彻发展性原则。发展要以适应为前提，引导大学生步入并适应社会，就要教育他们学习、认识、掌握、遵守一定的道德规范。大学生德育生态系统的优化是有章可循而非散漫自由地发展，在这一进程中要接近和研究大学生"最新发展区"，以发展的思维和方法，帮助大学生正确面对和有效处理"已有水平"与"最新要求"之间的矛盾，推动大学生全面发展之目的。三是在开放的环境中贯彻发展性原则。大学生德育生态系统优化过程是与外部环境相互开放、双向互动、共同发展的过程，要放眼世界、深化研究、创新创造，实现不同环境、不同层次、不同需求的全方位教育、全面性发展。

（四）保持开放性

大学生德育生态系统不是一潭死水，它需要不断向外开放，不断汲取"养分"，以维系自己生命的活力与发展空间。因此，优化大学生德育生态系统需要遵循开放性的原则，以适应日新月异、复杂多变的新形势，在积极探索新情况下解决新问题、谋求新变革、开辟新途径、提升新高度的能力，进而不断提高大学生德育工作的实效性。

坚持开放性原则优化大学生德育生态系统具有重要意义，大学生德育环境只有坚持"大德育"观，避免德育绝对化和孤立化，从自我封闭走向开放包容，才能有所作为。大学生德育"两课"教学内容与施教方式只有充分应对当今社会的"热点""难点""疑点"等问题，采取社会调查、专题报告、小组讨论、课程考查等大学生喜闻乐见、行之有效的方式方法，不断激发大学生学习的主动性、积极性和自觉性，切实提高教学内容的针对性和教学方式的有效性。大学生德育工作要努力开展第二课堂活动，推动德育内容向课外活动拓展延伸，使之成为课堂教育的补充，实现课堂学习与课外活动相互补充、相互协调、相互促进，促使大学生德育工作由封闭走向开放。大学生德育工作要强化高校与家庭、社会、用人单位之间的联系，引导德育从校内走向校外，构建齐抓共管、协调配合、互促互进的运行工作机制，促进高校与社会各界德育力量的有机整合，实现校内外融合发展。大学生德育要在纵向上加强与中小学德育的衔接，特别要强化二者在德育内容、德育方法上的联系与衔接，实现整个德育工作的无缝衔接与有序过渡，促使大学生德育更加科学化和体系化发展。大学生德育工作要注重德育理论的研究创新，要强化对世界高校成功德育经验、方法的研究、学习与借鉴，"取其精华，去其糟粕"，尽可能吸收一切有益的先进成果，切实增强大学生德育理论的开放性研究。

（五）注重调控性

在开放、竞争的社会背景下，大学生德育生态系统必然会受到各种社会因素的冲击，加之高校德育工作的特点又决定必须在施教过程中实现对各种社会因素的控制，这就要求我们必须坚持调控性的原则以优化大学生德育生态系统建设。大学生德育的社会影响具有多重性和复杂性的特点，这种社会影响可以分为宏观、中观、微观三个层次，宏观层次影响即政治、经济、社会、文化、生态大环境的影响，中观层次影响即学校社区地域、环境、人群、文化、风俗等因素的影响，微观层次影响即家庭、同学、朋友等学生周边人群的影响；这种社会影响有直接影响和间接影响两种影响方式，直接影响是显性的并有明确的影响源，间接影响是隐性的且是非自觉意识状态下发生作用的；这种社会影响从行政上看有着积极影响和消极影响之分，积极正面的影响符合道德发展规律并对大学生道德成长起着激励、鼓舞的作用，消极负面的影响则会对大学生道德成长起到腐蚀、瓦解的作用。此外，这种社会影响还有强弱程度和集中弥散形态之分，为正确区分、科学处理社会影响，需要我们在优化大学生德育生态系统中坚持和运用好调控性原则。

坚持以调控性原则指导优化大学生德育生态系统，要注重研究和构建科学、有序、协调的高校德育生态系统调控机制，应从四个方面着力：

一是加强运行质量管理。大学生德育生态系统运行效果取决于大学生德育工作质量好坏，优化大学生德育生态系统调控机制关键在于提高大学生德育工作质量管理水平，要建立健全大学生德育目标管理系统，实现对各德育职能部门、各德育工作者明确、定性、定量相结合，工作目标科学化、规范化、系统化、具体化的管理，齐抓共管、相向发力不断提高高校德育工作整体水平。

二是健全信息反馈体系。建立健全大学生德育信息收集反馈体系，随时随地了解掌握大学生德育任务落实情况，是高校德育正确决策、指挥、调度的根本保证。这种信息反馈体系旨在增强高校德育工作系统自我预警、自我调节、自我管理和自我完善的功能，通过全面性收集、针对性处理、可行性保留的信息，更好地了解大学生思想道德状况，确保德育决策更科学、更高效。

三是建立评估指导机制。要运用测量、统计、评估等方法，实现对大学生德育现状和实效定性定量相结合的分析，实现对德育主体、客体的全面、客观、有效的认识，进一步优化德育目标、调整德育决策、实现动态管理和强化督导力度，不断提高大学生德育工作的科学化水平。

四是优化整合德育功能。要在对影响大学生道德思想素质形成的各种因素进行剖析的基础上，将其联系、渗透、互补、重组、融合起来，既要充分发挥各子系统自主性、积极性，也要注重实现大学生德育完整、有机、系统整体性的构建。

第八章 高校大学生德育教育审美化实践

第一节 大学生德育审美化的理论概述

一、德育审美化的概念

"德育审美化"是指在马克思主义的终极价值目标之下,立足于德育和美育的关系,使教育者从美学的角度、利用美育的方法来改造德育课程,将美感融入德育的整个教学活动中,包括课内课外、课上课下的各个环节,使德育教师和其他德育工作者都能用美的法则来优化德育活动,借助美育的相关知识,使德育教学过程充满形象和理性的美感,让学生们通过美的感受激发情感上的认同,从而自觉接受德育教育,真正实现真善美的有机统一,在潜移默化中加强德育的实效。其具体实践过程就是德育通过贯彻美育这种个性化的自由创造精神,充分尊重个性发展的内在需要,充分调动和发挥受教育者的能动性,使学习知识、提高素质教育的过程成为一个受教育者积极主动探索和创造的过程。在此过程中,所有高校德育工作者为此所做的一切努力和探索都可以称之为大学生德育审美化的实践。

二、德育审美化的理论依据

(一)"美善统一"说

作为中国传统艺术哲学的一个范畴,"美"一直与善联系在一起。在中国传统哲学思想中,两者属于不同的范畴,前者是艺术范畴,后者是道德范畴。因此,在中国传统的美学理论中,美始终与道德规范联系在一起。

美和善在本质上具有相融互通的属性,善是美的灵魂,美能引人向善,美善是统一的。二者同属人的精神活动,共同的目的就在于引导人正确划分善与恶、美与丑,从而提高自身道德素质。

（二）德育和美育的内在联系

首先，在功能方面，德育的功能在于"育德"，其目标是培养高尚的人；美育的功能在于"育美"，其目标是培养高雅的人，两者的最终目的都是为了促进人的全面发展。

其次，在内容方面，美育本身就包含了德育的内容，没有德育，美育的情感感染就失去了目的和指向；而德育要想达到化入人心的效果，也不得不引入美育机制。

最后，在实践方面，通过美育培养起来的审美情感，可以加快道德理论转化为道德行为的过程；而德育的成果也必须由强制化的灌输转化为人内心的情感认同之后，才会变得稳固。总之，德育与美育之间有很深的内在联系，借助美育能进一步加强德育实效。

三、大学生德育审美化实践的内容与特点

（一）大学生德育审美化实践的基本内容

一般来讲，德育的基本要素包括德育的目标、内容、方法、评价以及德育的环境几个方面。所以，在大学生德育审美化的具体实践中，也应该从这几个方面去入手和展开。也就是说，要在这几个方面实现德育和美育的深度融合，以美辅德。在具体的实践过程中，要通过审美设计，完善德育的方方面面，努力使德育的内容、方法、实践、评价以及环境等各个方面尽善尽美。在教学过程中，通过以美的语言教导学生，以美的内容感染学生，以美的行为引导学生，以美的实践锻炼学生，以美的环境熏陶学生，通过德育教学各个环节的美的刺激，激发学生的审美情趣，增加学生的学习兴趣，提高学生学习的积极主动性，从而使学生的身心得到和谐美好的发展，有效提升德育的效果。因此，大学生德育审美化的实践应具体包括以下几个方面的内容：

第一，在教学目标的确立上，不应该是远离受教育者的冰冷的制度、规范、体制等，也不应该是主张依据社会本位去塑造社会需要的人，而应该是关注受教育者本身，应该是塑造真善美的自由道德人格形象，努力让受教育者达到道德自由的境界，使一切的道德行为都是发自内心而不是其他。

第二，在教学内容选择上，不仅仅要发掘教材等教学资源所固有的审美因素，而且要

通过借鉴艺术美、发现社会美、挖掘校园美等不断丰富德育内容，深化德育内容美，这就要求教师要同时具备一定的美育知识的积累以及较高的审美素质。

第三，在教学方法的采用上，不能采用简单的灌输，而是应该在充分考虑调动学生积极性的情况下，利用网络以及丰富的课外活动等，采取丰富多样的教学方法，引导受教育者积极主动参与到教学过程中，使受教育者在亲身体验的过程中自觉加强自身道德意识、规范自身道德行为。

第四，在教学评价的过程中，要努力建立德育教育的互动评价机制，教育引导和激励机制等，使师生能够以审美的眼光进行欣赏和自我欣赏。

第五，在教学环境的建设中，德育工作者要构建良好的学习氛围以及美好的校园自然和文化环境，让学生在美的熏陶中自觉接受德育教育，自觉规范自身行为。

总之，德育审美化的实践就是要将传统的传授—接受的教学方式转化为德育教学双方对教学过程的美好体验、欣赏和生动创造的审美过程，转化为一个双向互动的过程，使师生之间在一种愉悦、和谐的关系和氛围当中实现德育的目标。

（二）大学生德育审美化实践的特点

1. 过程性

"德育审美化"中的"化"在这里是一个动词，表明由原来的某种状态转化或变成另一种新的状态，即由原来的非审美状态转化为审美状态，由原来的非审美关系转化为审美关系，从而使学生获得新的面貌与生机，而转化本身就是一种过程。大学生德育审美化的实践就是要将传统的传授—接受的教学方式转化为德育教学双方对教学过程的美好体验、欣赏和生动创造的审美过程，转化为一个双向互动的过程。在这种转化过程中，学生能够将学习到的理论知识自觉转化为自身内在的品质，并通过自身行为外化出来。因此，大学生德育审美化实践的特点之一就是它的过程性。

2. 情感性

在教学过程中，任何的说教、模仿或者死记硬背都不可能真正有效地开展教学活动，实现教学的目的。尽管适当的指导、示范与记忆仍是十分必要的，但是学生也必须通过切身体验与领悟才能形成真正深入的把握，而不是凭着教师的讲解和记忆就可掌握。教学内容只有先打动学生，吸引学生，引起学生情感上的共鸣，然后才能够教育学生。在大学生德育审美化的实践过程中，通过选取丰富多彩的教学内容和教学方法，实现"寓教于乐"，让学生在主动参与、切身体验的过程中不知不觉地受到教育、陶冶情感、净化心灵，从而更好地实现德育的目的。所以，情感性也是大学生德育审美化实践的一个重要特点。

3. 趣味性

大学生德育审美化在其实践过程中，要以激发学生学习兴趣、提高学生参与教学活动的积极性和主动性为重要目标，而兴趣大多时候源于对新奇事物的一种自发的探索与冲动，没有积极主动的探索和参与也就没有兴趣。德育的目的是使外在的伦理道德规范逐渐为个体所掌握，树立起个体自觉的道德感和道德标准，因而，德育具有一定的外在规范性和强制性，在某种程度上缺少学生参与教学的主动性与积极性。而德育审美化在其实践过程中，总是伴随着强烈的情感体验，通过有趣生动的内容和形式使学生在教学过程中感到满足和愉悦，因而有一种趣味性。但是，强调这种趣味性并不意味着抹杀德育本身严肃的教育价值，恰恰相反，德育所传达的那种严肃的人生价值正是通过趣味性体现出来的。

第二节 大学生德育审美化实践的经验

一、大学生德育审美化实践的经验总结

（一）形成了教学模式美

在德育审美化的实践过程中，部分高校探索出了一些鲜明特色的教学模式，形成了教学模式美。教学模式直接影响着教学效果，思想政治理论课的课堂教学不仅是一门学问，也是一种艺术，这种教学艺术需要建立合理的教学模式，才能取得满意的教学效果。美育具有陶冶情感的功能，通过美的形式能陶冶人的情感。德育借助美育建立起审美化的教学模式，实现教学模式美，能够使大学生置身于审美情境之中，将正确的审美观念与道德规

范相结合，自觉根据社会需要不断完善自身，逐渐建立起健康的审美观和道德价值观，进而塑造完美的道德人格。总之，尽善尽美的教学模式，有利于大学生获取知识、提高能力以及自身的思想政治素质，更有利于加强德育实效，实现德育目的。

（二）增加了教学内容美

在高校，对大学生进行德育教育的主要方式就是相关课程的开展，具体主要表现为思想政治理论课程的开设和教学。通过在教学内容中有意、有效地渗透美的教育，能够使学生在学习理论知识的过程中获得美的体验，逐步提高审美素质，形成正确的审美价值观。近年来，为了提高思想政治理论课的教学效果，增强教学内容的吸引力，各高校一直在努力挖掘教学内容中所蕴含的美的因素，主要表现为借鉴艺术美、发现社会美、挖掘校园美等几个方面，充分挖掘本地教学资源，致力于为枯燥的理论教学增加吸引力，提高学生的学习兴趣，增强教学内容的感染力，努力增加教学内容美。

（三）实现了教学方法美

课堂教学方法作为教学过程中的一个基本要素，直接关系着教学目标的实现和教学效果的提高。美的教学方法能够充分发挥学生在课堂中的主体作用，激发学生的学习动力，引导学生积极参与课堂讨论，提高学生对课程的学习兴趣，实现课程的教学目标，增强课程的教学效果。所以，在大学生德育审美化的实践过程中，各高校都致力于探索更为恰当有效的教学方法，努力实现教学方法美，以求进一步实现德育的目标。

总之，教学是一门艺术，一堂优质的思想政治理论课应当处处充满艺术的魅力。富于艺术魅力的教学，可以使学生在学习的过程中身临美的情境，感到美的享受，得到真的启迪，激发学生的学习兴趣和对真善美的追求，增强教学的感召力和生命力。

（四）打造了教学环境美

学校德育工作是一个系统工程，不仅包括课程教学和实践教学，还包括学校的管理和服务等日常德育工作，如各项规章制度、校风校纪的落实以及环境的建设等，要将各项管理和服务与德育紧密结合起来，从关心学生身心发展的需要出发，严格要求，全方位促进学生良好行为习惯的养成。环境对人有着潜移默化的重要作用，是大学生形成优良品德的外在客观条件，在日常德育工作中必须得到重视。因此，高校德育想要提高其教学实效，除了有完善的教学模式、有吸引力的教学内容以及灵活多变的教学方式以外，一个美的教学环境也是十分必要的，必须注重校园环境的建设。

校园环境包括自然和文化两个方面，优美的校园自然环境不仅可以丰富学生的感官刺激，提高他们的审美感受力，而且有陶冶性情、提高境界和体味人生的作用；其次，不同的文化环境会影响人们认识事物的深度和广度，影响人们在实践中目标的确定和行为的选择。所以，必须建立美的校园文化环境。

二、大学生德育审美化实践的问题探究

（一）教师的美育知识与审美素养有待提高

要提高大学生德育审美化的实践效果，教师的综合素养是一个至关重要的因素。当前，在大学阶段，对大学生进行德育教育的主要途径就是思想政治理论课程的开设。目前，高校大部分思想政治理论课教师都有很高的专业素养，大多拥有广博的学科知识和基础知识，但这远远是不够的。

思想政治理论课教学是一项对教师教学计划编制、教学内容表达和课堂组织管理能力要求很高的教学活动，其课程特点与教学特点要求思想政治理论课教师还要广泛涉猎其他学科的知识。如果教师备课充分，在课堂上讲课语言生动，富有感染力和艺术性，则能激发学生的兴趣和求知欲，活跃课堂气氛，使教学效果明显大增，这就要求思想政治理论课教师要具备一定的美育知识和较高的审美素养，通过对美育的借鉴，不断丰富教学内容、创新教学方法。

目前大多数思想政治理论课教师对美育知识的积累和学习尚须提升，即使部分教师有所了解，也只是停留在比较浅的层面，这对德育审美化的实践造成了很大的挑战；其次，一些教师的审美素养也不足以支撑德育审美化理念的实施，这会使得他们难以成为美的传播者，也不能在潜移默化中净化学生的心灵，陶冶学生的情感，提高学生的审美能力，使学生受到美的熏陶，这也是不利于德育审美化的实践的。

（二）受教育者总体的审美价值观不容乐观

大学生只有具有较高的审美修养和审美能力，才能对美丑有正确的判断和认识，才能

对社会生活中的各种行为做出正确的价值判断。德育审美化正是为了能够帮助大学生深入感受美、理解美，从而引导他们自觉实践美、创造美。

（三）审美教育环节建设不足

经过不断地努力探索和创新，在德育审美化的具体实践过程中，不少高校都依据自身特点取得了一定的成就。但同时我们必须看到，由于缺乏合作与资源共享，这些有益探索只存在于个别院校，大部分高校德育审美化的实践在内容、方式方法以及实践活动上都有所欠缺。

首先，在课程设置方面，部分专业缺乏美育课程的设置。美育作为社会主义教育方针的一个重要组成部分，长期以来并没有得到很好的重视。如果把教育看作是受教育者在一定的引导下，积极主动地创造和更新自我、自觉和自由地发展其个性的活动的话，那么美育以其个性教育和创新教育的特征而成为整个教育的基础，足见美育的重要性。美育课程的缺失，导致教师和学生都缺乏相关知识的积累，长此以往，必然会影响德育审美化的实施。

除此之外，艺术作品对人的教育常常是潜移默化的，对人的影响也更为深刻。学校通过让学生接触音乐、舞蹈、美术等方面的具有不同审美风格的艺术作品，使他们在艺术体验中不知不觉地受到感染，为学生的审美体验提供广阔的想象和思考空间，从而培养他们正确的审美价值观。

其次，在德育内容的选择上基本局限于教材内容，理论性较强，对学生的吸引力不够。思想政治理论课的课堂教学在大学生正确的世界观、人生观、价值观的塑造中发挥着主导作用。如果只是单纯的理论灌输，很难引起学生的学习兴趣，其实效性也不强。如果过分迎合学生趣味，过度关注课堂的活跃性和内容的生动性，会使得思想性降低，反而适得其反。因此，德育课教师必须慎重选择教学内容，以便最大限度上提高德育课堂的实效性。

再次，在教学方法的选择上，高校基本上采用传统的大班授课。大班授课由于时间关系，基本上教师主讲，学生参与不多。即使有互动，让学生有机会直接向教师表达个人思考与困惑的机会也很少，学生更多的还是在"听"。一些教师对研究学生思想变化的规律以及根据学生的实际来引导教育等这些方面的重视度不够，导致科学的理论与鲜活的学生思想实际结合得不够紧密，从而导致思想政治理论课的感染力和导向性削弱。为了改变此种现状，不少教师也在努力改变传统教学模式，丰富教学方法，希望借此来提高教学效果，但在取得进展的同时，又出现了重形式轻内容的倾向。在各种教学方法应用的过程中，仅追求方法多样化，没能将创新的教学方法和教学内容有效衔接起来，这无疑与德育审美化的初衷背道而驰。

在德育成绩的考核方面，绝大多数同学认为其考核成绩无法正确衡量一个人的思想道德状况。当前德育课程的考核是存在问题的，成绩的高低无法正确反映学生的思想道德状况。除此之外，不少同学认为当前学校德育的考核存在不公正的现象。再一次表明当前高校德育课程的考核尚须进一步完善，这也是当前大学德育审美化面临和需要解决的问题。

最后，在实践活动的开展方面，实践活动流于形式，其实效性并不强。实践教学是学校教学工作的重要组成部分，是深化课堂教学的重要环节，是学生获取、掌握知识的重要途径，表明了实践教学的重要性。实践教学能够全方位、多渠道地引导学生直接参与其中感知社会、体验人生，有助于实现外化与内化的结合，达到知行合一。因此，实践活动的开展也是大学生德育审美化的一个重要方面。审美化的实践活动应该充分体现美育情感性的特点，通过创设德育审美化的实践情境，使受教育者从审美化的实践中感受到对客观事物真善美丑的道德评价，在情感上产生对道德教育的认同，在无形之中接受道德教育，并通过自身力量将审美实践教育中的道德精神外化出来，在思想上得到升华，进而外化在日常生活和行为当中，达到德育教育的目的。

虽然大部分高校对思想政治理论课中的实践教学都有所关注，但由于对思想政治理论课实践教学的重要性认识不足，习惯性认为只有理论教学课才是课，导致了实践教学促进思想政治理论课理论教学的实效性、感染力和吸引力不够，实践活动推进思想政治理论课贴近学生、贴近实际、贴近生活中的效果不显著。此外，由于部分高校缺少相应的组织协调机构和制度约束、部分教师指导实践活动的能力和素质的欠缺以及物资、经费等物质保障不到位导致的资源浪费等，使得现有实践教学的活动组织形式相对单一，而且对实践活动的过程监督和过程指导缺乏时间保证，在影响其实效的情况下还缺乏事后的总结和反馈，使得部分实践活动流于形式，没有发挥真正效用，没有达到锻炼学生、促进学生发展的目的。这种重形式而忽略实效的实践教学是不利于德育审美化的实践的。

第三节 大学生德育审美化实践的路径

一、塑造教师美

教师是孩子们心中最完美的偶像。教师只有不断完善自身的各个方面,才能更好地开展大学生德育审美化的实践。

（一）教师形象美的塑造

教师形象美的塑造,既是教学管理美化的重要因素,又是教师审美修养的组成部分,因此,教师本身的形象如何,对德育审美化的教学效果影响很大。对于塑造教师形象美来说,应该包括教态美、板书美、语言美等几个方面的内容。

首先,教态美是指教师在教学过程中所表现出来的仪表、表情和动作这些方面的美融合而成的一种整体的美。教师的仪表,是对学生有直接影响的一项因素。仪表与着装庄重、得体、自然、大方,在集中学生课堂注意力的同时,也有利于学生的审美发展。表情美也是构成教师教态美的一个重要因素。教师在课堂教学过程中,适时地对学生流露出热情、希望和鼓励的目光,可以使学生心情坦然,情绪舒畅,从而有利于学生集中注意力,提高教学效果。师生之间的情感交流是德育审美化的一个重要目的,而教师的面部表情正是这种交流的基本表现方式。最后,教师自然得体、富有感情的教态,不仅有助于教学内容的表达,而且能够活跃课堂气氛,有一定的感染作用,使学生在接受知识的同时,产生强烈的情感体验,获得美的感受。

其次,板书对于教师形象美的塑造也有很大的帮助,因为"字如其人"。从美学上来看,美的东西应该具有个性。没有生命力的自然景物之所以显得美,就是因为主体将自己的思想感情投射到景物之中,从而赋予了它生命力和感情色彩。同理,板书要具有审美价值,也必须显示出它的个性来，有节奏、有韵律、有重点，结合所授内容，提高学习效率。

最后，语言美在这里主要是指教学语言的美。教学语言一方面是表达教学内容的语义信息，它力求准确、简练、清楚、明白；另一方面表达特定情感的感情信息，它又表现为一定的节奏、速度、力度和感情色彩等，力求富有感染力、表现力，具有教师个人独特的风格。教学语言的美，是构成教师整体形象美的一个重要因素。

语言是思想的直接现实，一定的语言总是和一定的思想联系的。学生还可以从教师的教学语言中学到知识，受到熏陶，而且还可以看到一个语言美、风度美的榜样，从而对学生的思想产生潜移默化的影响，并使其审美能力得到提高和发展。

（二）教师知识美的丰富

在高校，思想政治理论课是大学生德育教育的基本途径。因此，当代思想政治理论课教师在掌握扎实的本学科知识的层面上，还要涉猎其他学科知识，这是由思想政治理论课的课程特点与教学特点决定的，尤其是在实施大学生德育审美化的过程中，对美育及其相关知识的学习更是必不可少。因此，高校需在原来基础上不断提高思想政治理论课教师的专业素养和审美素质，把工作团队的建设作为其中一项重要的任务。

高校还要加大对教师的培训培养力度，以德育审美化的教学主题为依托，实行教学团队的项目化管理和建设，建立和完善教学团队集体备课、说课、观摩课制度，促进德育审美化的教与研相结合。

除此之外，学校还可常态举办德育审美化相关的教研论坛，努力提升教师理论水平和教学素养，并实行新老教师结对，为青年教师成长提供辅助引导，着力提升教师教学能力、教学艺术和教学水平，在进一步提高思想政治理论课教师专业化水平的基础上，发挥优秀教师的率先垂范作用。

（三）教师审美修养的提高

教师不仅是知识的传授者，而且是美的传播者。因此，对于教师来说，除了要具备一定的思想修养和专业素养外，还应该具备一定的审美修养，这也是德育审美化的内在要求。

审美修养包含了个体审美心理结构的自我塑造和自我完善，它具体表现为树立高尚的审美理想、良好的审美趣味、发展敏锐的审美能力三方面。它的任务是提高个体的审美素质,塑造个体完美的审美心理结构。

审美理想作为个体审美修养的基本内容,常常体现为人类对于美的追求与憧憬,它既是指导欣赏活动的审美标准,又是指导审美创造的内在尺度。所以,教师要想具有良好的审美修养,必须首先树立起高尚的审美理想。只有树立高尚的审美理想,才会对个体进行自觉的审美教育,才能不断提升自身的审美修养,才会对学生进行美的传播。

其次,审美趣味指的是人们对现实生活中各种具有审美价值的事物和现象,所表现出来的一种体现个人爱好的审美倾向。教师只有具有良好的审美趣味,才不会将学生对美的鉴赏引入歧途,才能促进学生的审美发展。

最后,审美能力大概说来就是教师感受美、欣赏美、创造美的能力,缺乏这一能力会导致教学内容枯燥无味,教学方法也会显得生硬、死板,教学效果更是可想而知。

所以,要想更好地促进大学生德育审美化实践的实施,提高大学生德育的实效,首先教师必须提高自身的审美修养,积极参与广泛的审美欣赏活动。大学生德育审美化是一个系统的过程,需要学校、教师和学生以及所有德育工作者都积极参与其中。所以,教师本人作为其中的一个参与者,必须在不断丰富审美经验的基础上,不断提高自身的审美素质,发展自身的审美创造力。

二、创造教学美

作为大学生德育教育主渠道的思想政治理论课教学,其教学效果如何在一定程度上直接决定了大学生德育的实效,必须重点关注。德育审美化要想进一步取得实效,必须使德育教学的整个过程充满形象的美感,以求最大限度地引发学生的学习兴趣,激起他们的情感共鸣,让师生在教学过程中共同获得美的体验、美的享受,从而促进双方共同进步,进一步加强德育的实效。教学美是在动态教学过程当中,通过教学过程各因素的和谐共振实现的,包括教学内容、教学方法、考核等各个方面。

(一)注重德育教学的内容美

教学内容是实现教学目标的基本材料,大学生德育审美化过程中必须注重教学内容的选择和设计。由于美的事物是真善美的统一体,对美的追求本身又体现了人的主观能动性和积极的人生态度，所以，用美的事物来教育、影响学生，对于学生价值观、人生观的形成有着不可忽视的作用。

首先，高校可以面向全体学生适当地开设美育课程以及艺术类课程，引进相应的优质人才，完善师资的配备和教研团队的建设，建立相应的教学条件，培养学生的审美素质、提高学生的审美能力。美育又称"情感教育"，审美情感具有使感性与理性协调和交融的中介功能，能够促进人与人之间的沟通和理解，使人主动积极地与他人建立起交流、同情和理解的关系。因此，面向学生开设美育课程十分必要。

艺术，不仅能够使人们得到美的享受，而且能够发展人们的审美能力。因此，高校通过开设艺术类课程，能够在一定程度上培养学生高尚的审美理想，发展学生敏锐的审美能力，培养学生良好的审美趣味，从而促使学生从内心认同和接受正常的德育教育。

其次，德育教师还可以根据教材内容适当选取一些时事热点、典型案例、经典故事、人物、影视与音乐等，或者将当地的风俗人情等美的内容融入德育教学的整个过程当中，通过进一步吸引学生的学习兴趣、引发学生的情感认同来加强德育教学的实效。这是因为，德育通过引进美育的情感体验、形象化和愉悦性等机制，不仅可以克服道德说教的抽象和枯燥，而且可以使德育教育做到不仅仅是使人"知"，还可以使学生将道德内化到心灵深处。因此，通过在高校思想政治教学和校园文化建设中融入省情教育，使学生能对当地的民俗风情产生独特的情感共鸣，不仅能学到省情知识，还能激发爱家乡、爱祖国的感情，这对于进一步加强大学生的爱国主义教育具有十分重要的现实意义。

（二）注重德育教学的方法美

教学方法是贯穿学生成长成才、教学目的、教学内容、教师素质、教学效果的链接环节，它将教学中的基本要素结合在一起，又对这些教学要素的强化和发展有着积极的促进作用，其重要性不言而喻。因此不断改革创新德育课程的教学方法，对保持德育课堂的生命力、增强德育教学的实效性十分重要。教学有课上教学和课下教学、理论教学和实践教学之分。因此，大学生德育审美化在探索其教学方法美的过程中，也应该从这两个方面去展开。

首先，从课堂教学来看，课堂教学作为教学过程中最主要的环节，其教学效果对学生的课后学习和实践学习也有重要影响。即使是相同的教学内容和教师，采用不同的教育教学方式也会产生不同的教学效果。美育的目的是在审美活动中，通过培养人的审美能力、陶冶人的情感、净化人的心灵，进而提高人的思想境界，其典型特征之一就是其"情感性"，因而也称"情感教育"。所以，德育审美化必须充分关注学生的情感需求。

高校德育要利用美育创新德育教学方法，推动教学方法改革，还离不开教师的积极主动参与。因此，高校要同时加大对教学方法改革的政策支持力度，引导和鼓励教师把主要精力放在研究教学内容、创新教学方法、提高教学实效上；要进一步推动教学评价改革，完善激励机制，认可教师的教学方法改革成果，努力激发教师投入教学工作的热情，提高管理人员及德育教师参与课程建设的积极性，进一步推进大学生德育审美化的研究和实践。

其次，从实践教学来看，实践教学是为了使大学生实现从"真懂""真信"到"真用"的转变过程。只有通过实践教学，引导学生将深刻的理论思维与鲜活的感性体验相结合，才能使学生在亲身体验中，"将教学内容逐步转化为自己的内心需要，心悦诚服地接受并内化为自己稳定的心理品质"。因此，高校在德育审美化过程中，必须依据美育情感性的特点，组织相应的实践活动，让学生通过审美实践在情感上产生对道德教育的认同，努力做到以美感人、以情动人。

最后，美的教学方法还需要进行推广和合作。因此，在改革德育教学方法、创造教学方法美的过程中，各地各高校教育主管部门还要以增强思想政治理论课实效性为目标，积极发挥其职责和优势，统筹区域资源，加强区域间的交流合作，发挥示范点效应，力促优秀教学成果发挥示范带头作用，推广优秀教学方法，如通过研讨、合作、调研、观摩等形式，加强交流活动，突破校际界限，实现德育审美化过程中教学方法改革成果的分享，促进协同创新，实现思想政治理论课教学质量的整体提升。

三、建立审美化的德育考核评价

德育课程的考核评价方式是教学过程中的重要环节，对教学发挥着"指挥棒"的作用。考试不仅影响教师的教学效果，而且影响着学生的学习态度，考试对于促进教学内容、教学方法、教育管理的改进，课程结构的更新以及教育评估系统的更加有效与合理，都有着非常重要的作用。因此，大学生德育审美化必须注重考核方式的完善和改进。

首先，大学生德育审美化要求教师必须综合运用各种考评方式，而且要侧重过程性考核和对学生学习中的形成性评价。考核的重点应从理论的掌握、知识的记忆转变为思想道德素质的提升、审美能力的提高，转变为思考辨析能力、主动学习能力、语言表达能力、团队协作能力、独立思考能力的提升等。

其次，审美化的德育考核评价的建立，还离不开对师生发展的关注，离不开对教学活动中师生共同进步的确认。因此，其考核评价必须关注在审美化教学活动中师生共同的审美感受。无论是教师还是学生，他们的审美理解、审美表现和审美创造，都可能成为师生共同审美的素材和条件，这也是理想教学成效的具体表现。

总之，任何一种教学模式针对的都是具体的教学目标，有规定的操作要求，在一定的范围内发挥自身应有的功能，审美化教学模式也不例外，不能任意夸大其教学功能，只有完成既定任务并实现预期目标，才可以判定该教学模式的运用是有效的。因此，通过审美化的考核评价，把握审美化教学活动的进展，及时发现问题，合理诊断并做出积极的应对和改进措施，在大学生德育审美化的实践过程中不断调整与改进，既可以增加教学模式的针对性，也可以提高模式运用的实际功效。

四、优化德育审美化的网络空间

（一）利用"云课堂"搭建教学新空间

除了课堂教学的第一课堂和社会实践的第二课堂外，网络新技术的运用为学生搭建了德育课教学的第三课堂——以现代网络技术、云计算技术为支撑的"云课堂"。因此，在网络普及的今天，高校应当充分认识到网络在德育教育中的重要作用，自主研发或者和其他高校合作共建网络自主学习平台，将德育审美化过程中的教学课件和视频资料、经典文献和教学案例资源等投放到平台上，同时及时补充和更新内容，使学生们可以随时查阅和学习。

在网络中，德育工作者可以随时掌握新资料，吸收新知识，不断优化德育审美化的资源。网络传播的即时性、形象化、个性化等特点，能极大地增强德育教育的辐射力、吸引力、感染力，使德育教育的内容更加丰富、更加饱满，可以满足大学生不同层次的思想需求和精神文化需要，也更好地满足了美育的要求。与传统的德育教学相比，网络的多媒体技术增添了德育的趣味性，利用网络的能动性，学生还可以根据自己的实际情况选择想要感受和学习的德育内容，进而使德育信息的传输过程变成学生主动认知的过程。

在"云课堂"之下，它变传统德育由"你讲我听、你说我通"的单项强制灌输式为双向交流互动式，大学生在主动参与的过程中自然而然地接受引导，更有利于大学生个性的发展，也更好地满足了德育审美化的初衷，从而进一步提高德育的效果。总之，高校应充分利用网络的优势，拓展德育审美化的实施空间，使网络与传统的德育教学方式形成互补，相得益彰。

（二）重视"微"力量的运用

微信、博客等是个人性和公共性的结合体，其精髓是以个人为视角，以整个互联网为视野，精选和记录自己生活中的精彩内容，使其具有更高的共享价值。微信、微博等提供了一个大学生分享思想和知识的平台，而且具有极低的使用成本，大学生可以利用其展示网络新时代自己的所见所闻、所思所想，受到了大学生的欢迎，这就为大学生德育审美化拓宽了教育的空间和时间。因此，高校应该高度重视微信、微博等对大学生世界观、人生观、价值观的影响，在德育审美化教育教学当中，主动介入，最大限度地发挥微信、微博等的技术优势和积极效应，同时要努力弱化它的负面影响。

德育是净化人的灵魂、纯洁人的心灵的工作，德育审美化所追求的由知到行的转化，不仅要体现在现实行为中，同样应该体现在网络行为中。开放的互联网提供了一个让思想自由交流和信息自由流通的机会，这种自由空间产生的多样的信息内容，必然会带来多元化的思想观念和价值判断。因此，德育审美化在借助"微"力量进行德育教育的同时，也必须努力弱化和克服网络给大学生德育带来的挑战。通过加强正面影响，弱化负面影响，进一步提高德育审美化的实效。

（三）实现德育资源的网络化共享

近年来，随着网络的深入发展，一些高校已经实现了从网络平台的搭建到普遍应用的发展进步，网络平台教学的日常化和规范化已经成为教学过程中的一个重要环节。

因此，大学生德育审美化也可以通过借鉴此种举措，实现德育资源的网络化共享。高校德育审美化的资源通过网络合作平台实现在一定区域内甚至是全国范围内的共享，不仅可以更好地丰富德育内容，满足学生的需求，还可以通过共同解决德育审美化过程中遇到的问题，有针对性地进行教学方法改革的互动合作，节约开发德育教学资源的成本，同时集中最强的师资开发教学资源，使德育审美化过程中取得的成就能够随时得到扩散和共享，进而提升德育教学资源的质量和水平。

网络技术的发展日新月异，各地各高校必须着重探索网络信息技术应用资源的共建共享共管。各高校要以努力打造全国思想政治理论课网站信息共享联盟，整合各地各高校优质教学资源为目标，切实推进德育审美化优质教学资源的共享，共同推进高校德育实效的进一步加强。

参考文献

[1] 罗玲. 新时代高校德育工作创新研究 [M]. 北京：中国农业出版社, 2021.09.

[2] 周翠. 高校美育德育的当代发展研究 [M]. 北京：中国纺织出版社, 2021.11.

[3] 唐博. 大学生德育教育创新研究 [M]. 长春：吉林文史出版社, 2021.03.

[4] 高健磊. 新时期高校管理与发展路径探索 [M]. 北京：中国政法大学出版社, 2021.09.

[5] 赵巧玲. 育人理论与实践探索 [M]. 北京：中国纺织出版社, 2021.08.

[6] 彭宗祥. 新时代高校工程德育理论与实践 [M]. 上海：上海财经大学出版社, 2020.11.

[7] 赵巧玲, 宗晓兰. 高校实践育人研究 [M]. 长春：吉林人民出版社, 2020.10.

[8] 宋阔. 微时代背景下高校思想政治模式研究 [M]. 长春：吉林出版集团有限责任公司, 2020.04.

[9] 董国良. 教育理论 [M]. 北京：首都师范大学出版社, 2020.03.

[10] 陈华栋. 课程思政 [M]. 上海：上海交通大学出版社, 2020.

[11] 刘忠孝, 陈桂芝, 刘金莹. 高校德育论 [M]. 哈尔滨：黑龙江人民出版社, 2019.01.

[12] 李习. 互联网＋时代高校德育实践创新研究 [M]. 武汉：华中师范大学出版社, 2019.06.

[13] 朱美燕. 立德树人高校生活德育实践 [M]. 上海：上海交通大学出版社, 2019.06.

[14] 钮倩. 高校德育系统工程与创新发展 [M]. 北京：新华出版社, 2019.01.

[15] 闫伟. 应用型高校德育教育教学模式新探 [M]. 北京：人民出版社, 2019.

[16] 仲小燕. 新媒体时代高校德育教学的研究与实践 [M]. 长春：东北师范大学出版社, 2019.01.

[17] 徐凯. 高校德育创新与发展研究 [M]. 长春：东北师范大学出版社, 2019.01.

[18] 朱晓东，朱文，唐亭婷.中国传统文化基础上高校德育教育研究 [M].石家庄：河北人民出版社,2019.03.

[19] 吴巧慧.应用型大学德育的创新与实践2018[M].北京：北京交通大学出版社,2019.08.

[20] 吕开东.新时代高校思想政治教育工作探索 [M].北京：光明日报出版社,2019.11.

[21] 朱孔军.广东高校管理育人工作研究 [M].广州：广东高等教育出版社,2019.08.

[22] 白翠红.高校德育思维方式发展研究 [M].广州：中山大学出版社,2018.07.

[23] 桂捷.高校德育与心理健康教育研究 [M].沈阳：东北大学出版社,2018.04.

[24] 刘丽波.新时期高校德育教育创新发展研究 [M].石家庄：河北人民出版社,2018.09.

[25] 王一鸣.新形势下应用型高校德育和创新创业 [M].北京：光明日报出版社,2018.03.

[26] 陈娟.传统文化与高校德育教育工作融合研究 [M].北京／西安：世界图书出版公司,2018.03.

[27] 孔亮.高校德育教育引入传统文化的创新研究 [M].北京／西安：世界图书出版公司,2018.11.

[28] 张艳芳.传统文化与高校德育教育研究 [M].石家庄：河北人民出版社,2018.12.

[29] 鲁君.新时代高校德育创新与对策研究 [M].北京：中国商务出版社,2018.08.